ちくま文庫

もの食う本

木村衣有子　絵・武藤良子

筑摩書房

*

もの食う本・目次

扉デザイン・木村敦子

もの食う本

『やわらかなレタス』

江國香織・著

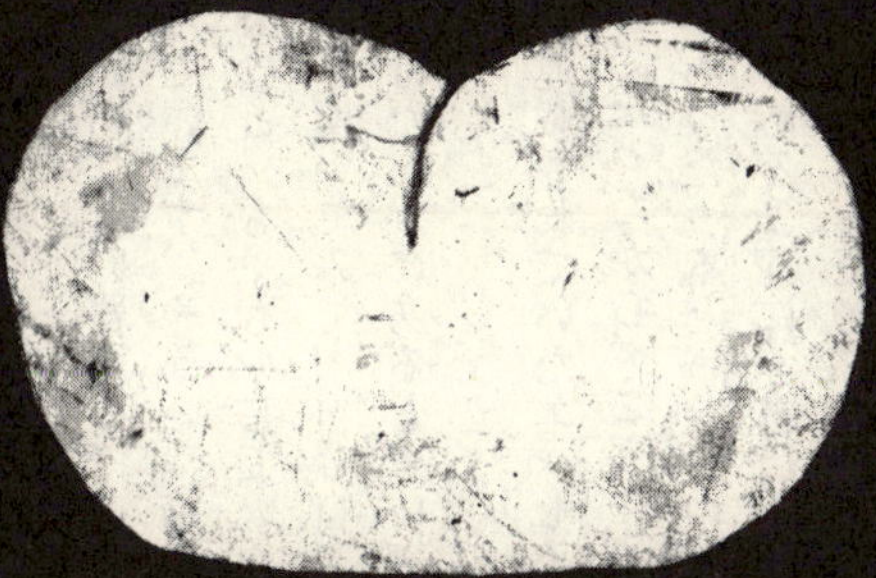

本は、夢中のままにがつがつと一気に読み切りたい質《たち》なので、自分が書いた本について、枕元に置いて寝る前に少しずつ読んでいます、そういう感想をしばしばもらう度に、暗につまらないと言われているのではと、もやもやしていた。

しかしエッセイ集『やわらかなレタス』を開いてみて、自分自身を寝かしつけるためにちびちび削るように読む本、というのはたしかにあると思い直して、ちょっとほっとする。

『やわらかなレタス』には『週刊文春』で連載されていたエッセイ、四十篇がおさめられている。『週刊文春』はよくめくる雑誌だったから、こうやって一冊にまとめられる以前にすでに何篇も読んでいるものがあった。本と、その中に描かれる食べものについてのエッセイ集だよなあ、そうたしかめるように、書店で手にとった。つまりこの『もの食う本』と同じスタイルだと。が、あらためて頭から読み直せば、小説や詩の一節を引いたり粗筋を紹介したりする形式をとるエッセイは、全体の四分の一にも満たなかったと知る。ニュースやゴシップのはざまに位置するこのエッセイを週に一度追っているあいだは、それらの印象がよほど強かったのだが、こうやって一冊の本に編まれてみると、東京での日常や旅の道中などを日記的に記した回、あるいは幼い頃の記憶をたどる回も、ぐっと存在感を増して、後にくっきりと余韻を残す。

とはいえ、今、私自身が、食べものについて書かれた本の中から、これ、というくだりを拾い出してそれについて書くことを繰り返している最中であり、江國香織はどうやってそういうエッセイを書き上げているのか、やっぱり、とっても気になるのだった。

読んでみて分かるのは、奇をてらった書きかたはしていない、ということだ。気に入りのお話のページを、うれしげに開いて、読んでいるこちらにもそっと見せてくれるようだ。語り口もうきうきとしている。ただ「そっと」というところが第一の個性ではあると思う。

読んだお話の中から、どこかしら、ぴりっとしたところを見つけて引用する。そのくだりから、江國香織自身の胸中にあるなにかもつかみ出される。引用される一文よりも、それを読みほどく彼女の気持ちのほうが、読んでいるこちらの胸中のどこかをきゅっとつかんで離さない。江國香織は、読んだ本を、自らの文章のひとつの部品として組みこむ力を持っている。

〈バターミルクの謎〉という一篇では、『大きな森の小さな家』と『幻の朱い実』によせて彼女は〈のんだことのないバターミルクも、苦手な牛肉のバタ焼きも、間違いなく私の栄養になっている、と思う〉と書く。まさにそのとおりだ。物語の中の〈栄養〉を糧にして、江國香織は、自分の文章を、力強く、色を濃く、養い育ててきたのだ。

〈白いパンと黒いパン〉なる一篇だと、『ハイジ』の〈白いパン〉について、こう書かれる。

〈白いパンをたべてみたい、とか、白いパンを買って、とか母親に訴えて、あなたのいつもたべているのが白いパンです、とにべもなく言われた経験があるのは、だから私だけではないと思う。言われても、どうも納得がいかなかった。白いパンというもののイメージが、私のなかに勝手にできあがっていた〉

周囲に流されず、想像力を遠慮なくのばし広げることができる子ども時代を過ごしたのだと、理解できる。意志が強い、と言い換えることも可能かもしれない。

そういえば〈バターミルクの謎〉でも、彼女は、実際に味わっておいしかった、という無邪気な記憶をたどって書き出すことはせず、空想上の味から、エッセイの糸口を引き出しているのだった。

江國香織が選んだお話の中から、こうやって拾い上げたくなるのは全て、彼女の子ども時代に読まれたと思しきお話である。どちらかといえば、江國香織のエッセイだったら、ついこのあいだだったろう出来事よりも、子どもの頃の思い出のほうを好んで読みたいこともある。時間を置いて書かれたもののほうが、綺麗に結晶しているのをほれぼれ眺めるように読める。それは記憶が美化されているからかも、という疑いは持たない。なぜなら、それはほんとうなのかどうかなんて、読んでいるこちらは到底知り得ないし、たとえ書き手が美化していようがいまいが、文章という形に結晶した彼女の記憶が、こちらの胸中をもひたひたと満たしてくれるならばそれでいい、じゅうぶんに有難いのではないか、と思える。

タイトルはたしかに『やわらかなレタス』だが、そうでなくとも江國香織の文章は柔らかい。彼女は一貫して「食」という字を平仮名で書く。平仮名を使うことで、それだけで、江國香織が描く食べものは、どれも丸く柔らかくなる。柔らかいが、やすやすとつぶれる心配はなさそうだ。

ぴたりと止まって、端正な姿を見せている。しいんとしている。

そういう印象を受ける。

彼女はポタージュについてこう書く。〈静かなたべものだ（たべものには、静かなのと賑やかなのがある）。ポタージュは徹底的に静かで、私はそこが好きなのかもしれない〉

自身の好物の輪郭を鮮明に描き出すことに江國香織は長けている。だから、読んでいるこちらは、〈静かなたべもの〉を存分に享受しながら、心地よい眠りに入ってゆける、というわけなのだ。

えくに・かおり（一九六四― ）作家。東京都世田谷区出身。一九八七年の『草之丞の話』で童話作家として出発、一九九二年『きらきらひかる』で紫式部文学賞、二〇〇四年『号泣する準備はできていた』で直木賞受賞。『やわらかなレタス』（二〇一一年 文藝春秋刊）は『週刊文春』に連載された、エッセイ集としては十冊目の作品。

真正直で、切実な恋愛の小説である。端正な文体で、かつ、軽やかにお話は運ばれる。ページをめくる毎に、お話の軸となるふたりの不器用な交わりは濃く深い色を成していく。そうなっていくということは、読みはじめるや否や、もう知れてしまう。

〈「まぐろ納豆。蓮根のきんぴら。塩らっきょう」カウンターに座りざまにわたしが頼むのとほぼ同時に隣の背筋のご老体も、「塩らっきょ。きんぴら蓮根。まぐろ納豆」と頼んだ。趣味の似たひとだと眺めると、向こうも眺めてきた〉

食べもの、飲みものの好みが幸福にも重なっている。それだけで、隣り合って時間を過ごせる第一条件は満たされたようなものだ。

主人公である〈ツキコさん〉は三十七歳になるという、先に引いたような渋い肴を注文してもそれが板に付いてみえる年のとりかたをしているのだろう。ツキコさんと、彼女が通っていた高校の国語教師だった〈センセイ〉は、およそ二十年ぶりに〈駅前の一杯飲み屋〉で再会する。

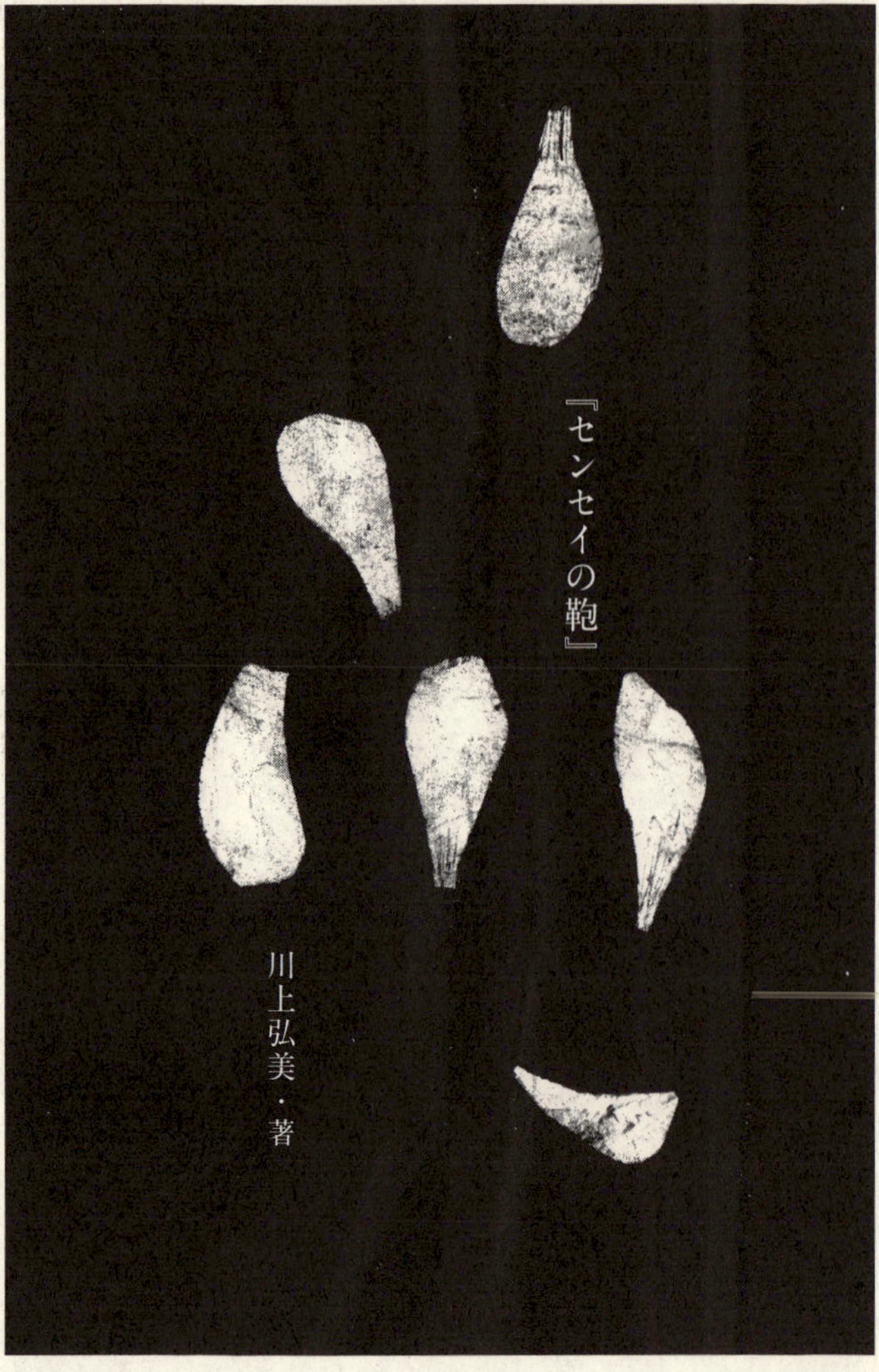
『センセイの鞄』
川上弘美・著

このお話は、居酒屋小説、と紹介される場合も少なくない。たしかに、居酒屋とはどんなところなのか、そこではどういう風に振舞うのが望ましいのかを教えられるお話でもある。

〈どの客も初めて店に来たように扱うのが、この店の流儀〉と紹介されるところから、いい店なんだろうな、と察される。〈薄暗い飲み屋〉だというこの居酒屋は、店主の名前から、お話の中では〈サトルさんの店〉と呼ばれる。ほんとうの名前は別にあるのだろうが、読んでいるこちらには知らされない。そのせいか、どのような店なのか想像する余地が与えられている。

高校時代のツキコさんとセンセイは、授業中も、その他の時間にも、とりたてて親しく話すなどはしなかったという。さりながら再会ののちは、約束を交わさなくともサトルさんの店で顔を合わせ、そうすれば席を傍へ寄せて一緒に時間を過ごしはじめる。サトルさんの店は、ふたりの日常の場としてくっきり定着していく。

だからどこか余所で、例えば高校の、教師と卒業生の花見の席で、サトルさんの店に居るときとは違った振舞いをするセンセイをみつければ、ツキコさんは、落ち着かない。

〈商店街の鶏肉屋で買ってきたタレの焼きとりの串を、手に持っている。いつもならばセンセイは頑固に塩の焼きとりしか食べないくせに、こういうところでは融通のきく質《たち》なのだな、と責めるような心もちになりながら、わたしは隅のほうで一人酒をすすっていた〉

『センセイの鞄』は好きな小説です、と繰り返し口に出していたところ、サトルさんの店のモデルになったらしい東京の外れの居酒屋に連れて行ってもらったことがある。そういえば薄暗かったたし、そこはそこでいい店だったけれど、私が思い描いていたサトルさんの店とはまた違っていた。その後『センセイの鞄』を読み返してみても、やっぱりサトルさんの店は最初から想像していたとおりの姿でしか頭の中には現れなかった。

実際、川上弘美は、現実に存在する居酒屋をモデルにこのお話を書いていたのかもしれないけれど、実在するその店の細部までそのとおりに伝えようという書きかたはしていない。

このお話に描かれる食べものの姿を追ってみて、ひとつ気がついたことがある。女が男のためにごはんを作る場面がない。ツキコさんとセンセイの三十歳を越える年の差は、幾度も反芻されるが、それ以外にも、いわゆる世間の型にちっとも嵌っていない小説だったのだと、驚く。

主人公であるツキコさんは、こう表明する。

〈もともと料理は得意ではないし、たとえ得意だったとしても、恋人に弁当を作ってあげたり部屋まで行ってこまめに料理を作ったり手料理の夕に招いたりするのは、趣味にあわなかった。そういうことをすると、ぬきさしならぬようになってしまうのではないかと、恐れた。ぬきさしならぬように運ばれていると相手が思うのも、いやだった。ぬきさしならなくなってもかまわないようなものだったが、かまわないとかんたんに思うことができなかった〉

ひと皿のおかずを一緒につつく楽しさとは別のところで、料理を作って「あげる」というのは、ツキコさんにとっては越え難い、越えられない一線なのである。

ツキコさんの考えかたはストイックだ。

ツキコさんは相当な照れ屋だ。相当に臆病だ。

しかしそんなツキコさんは、ふと、卸金をセンセイに贈る。なかなか大胆なことを考えながらその贈りものを選ぶ。

〈光っている刃物を見ているうちに、センセイに会いたくなった。そこに肌が触れれば、すっと切れて赤い血がにじみ出るだろう鋭い刃先を見ているうちに、センセイに会いたくなった〉

卸金を受け取ったセンセイは、有難う、と言う代わりに、お礼の品など用意する前に、柔らかく提案をする。

〈こんど一緒に、とろろ汁作りましょう。芭蕉の句は春の句ですが、とろろ芋は今がうまい。ワタクシが卸金を使いますから、ツキコさんはすり鉢でよく擂ってください〉

ふたりがとろろ汁を一緒に作ったかどうかは、お話の中には示されていない。センセイの作った湯豆腐をふたりで食べる、そういう場面はきっちり描かれているのにもかかわらず。

〈鱈も春菊も入っている湯豆腐だった。わたしのつくる湯豆腐は、豆腐だけである。こうやって知らない人間どうしが馴染んでゆくのだな、などと昼酒でぼんやりした頭で思っていた〉

その、極々シンプルな〈わたしのつくる湯豆腐〉をセンセイは食べたのかどうか。それも、はっきりと分かるようには書かれていない。

このお話の鍵のひとつである湯豆腐はもちろん、夏の日の〈豚キムチ弁当スペシャル〉も、ツキコさんのもやもやをぶつけられる飛び魚の刺身と焼いた鮎、島の宿のあわびも、『センセイの鞄』では、食べものは、相当の存在感を持っている。そこに食べものが書かれているのは必然である、と読める。話の筋を先へ進めるためだけに登場させられる食べものは、たいしておなかも空いていないのに、時間が来たから、じゃあ、食べるか、そう渋々腰を上げるようで、味気ない。川上弘美の書く食べものは間違いなく、食べられるためにある。だからこそ、ちゃんと生々しく、ちゃんとおいしそうなのだ。

かわかみ・ひろみ（一九五八―　）作家。東京都出身。一九九四年『神様』でパスカル短編文学新人賞受賞。一九九六年『蛇を踏む』で芥川賞受賞。一九九九年『神様』で紫式部文学賞、Bunkamuraドゥマゴ文学賞受賞。『センセイの鞄』（二〇〇一年　平凡社刊）は、谷崎潤一郎賞を受賞、ベストセラーとなった。

『富士日記』

武田百合子・著

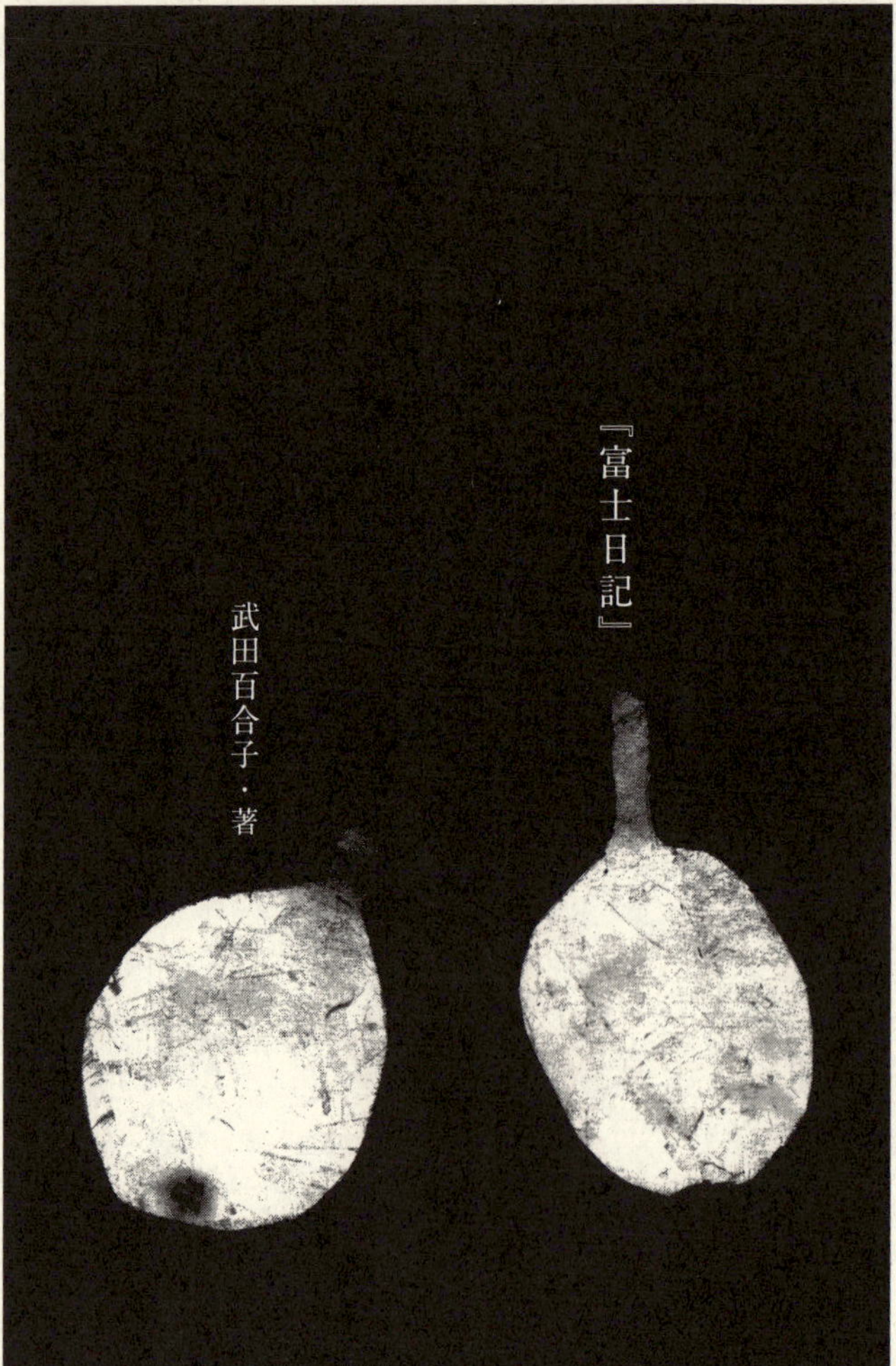

『富士日記』を初めて読んだ五年前、可愛らしさはくっきり映し出されていても媚びのまるでない、日めくりカレンダーのようにきっぱりした文章に、心酔した。それまでに読んでいて、いいなあと思えていた日記的エッセイの幾つもが、あの人が書いたものも、そう、その人が書いたものも、色褪せたものとしてしか読めないようになってしまった。

『富士日記』は、基本的には備忘録からはじまっているとみえるもので、きっちりとまとまった長文をよどみなく綴り続ける〈いい子ちゃん〉の日記ではない。見知らぬ誰かに読まれることはないはずのものとして書かれていて、無防備だからこその魅力がある。洗いざらしの美、か。

この日記の中から、食べものについての描写を拾い出すのはとてもうきうきする作業だ。付箋を傍らに読んでいると、いくらでも貼ってしまい、本はフリルが付いたみたいな姿になり果てる。そもそも、食べものは日記と相性がいい。本を読まない日、好きな男と会わない日はあったとしても、なにかを口にすることから切り離された

「日常」はありえない。

誰かが食べているもの、食べるその姿を、武田百合子は観察する。〈「ここがいいや」と叫んで、若い衆が助手席からとび降りて岩に駈け上った。湖に向って腰を下ろし、風呂敷包をもどかしげに手早くひらいて平たい四角い弁当箱の蓋をあけた。漆喰《しつくい》のようにぺったりぎっしり詰まった白い御飯の上に、細切り昆布の佃煮がのっている。魚の罐詰らしいのをくるくるとあけて岩の上に置き、それをつついては昆布のかかった弁当の御飯を食べていた。弁当箱を本を読むような角度に斜めにかしげて食べているので、私からよく見えるのである。首を振るって嚙みしめながら、湖水の遠くを眺めている。そのおいしそうなこと‼〉

食べものは、誰かがそれを頬張る風景と切り離すことができない。百合子の日記を読むと、そのことにあらためて気が付く。食べものは、ただ置かれているだけ、飾られているだけでは、文字どおり味気ない存在のはずなのだ。考えてみればそれは当然で、でも、どうして、あらためて気付かされるのだろう。

ある日、〈味のわるいこと〉がたしかに記されていても、それでもこちらは嫌な気にさせられない。それまでと変わらずにおいしいものを食べるような心持ちで読み続けていられる。誰かに読まれることを想定していない、純粋な日記なのだから読むこちらをげんなりさせてやろうという狙いのないところで、純粋に、不味いものを食べてしまったことを心から口惜しがっているからか。そんなもの初めから食べなかったと目をそらさない、不味さにふたをしないから、か。

読み返す度に、初めて読むような小さな驚きをくれる、つまり、はっとさせられるくだりには、必ず、夫である泰淳が居る。

〈夜　ごはん、精進揚げ（さつまいもと桜えびのかき揚げ、茄子、ピーマン、ごぼう、にんじん）。主人、さつまいもの切り方が大きいといって、手でつぶしている。歯が少ないから、少ない上に残っている歯がぐらぐらしているから、嚙みきれないのだ。歯が少なくなるにしたがって、料理方法が変ってゆかなくてはいけないのだ。私「ごめんなさい」と言わないで、それを見ていた〉

〈九時、山に戻る。灯りという灯りを全部つけた、谷底に浮んだ盆灯籠のような家に向って、私は庭を駈け下りる。むろあじを焼いて冷たい御飯を食べた。主人は生干しのいかを焼いて、それだけ食べた。食べながら、今日見てきたことや、あったことをしゃべくった。帰って来る家があって嬉しい。その家の中に、話をきいてくれる男がいて嬉しい〉

百合子は、自身と夫との関わりの時間を「愛情」だの「思いやり」だのという言葉で安直に語らない、片付けない。だから、力を合わせて共に暮らして二十年よりもっと経つこの夫婦《めおと》が一緒に食べる、あたりまえにみえる日常のごはんの上にこそ、得難い幸福、あるいは不意の悲しみがのっかっているのだと、読んでいるこちらは、素直に受けとめられる。ひとごとのように、白々しく響かないのは、彼女の言葉の選びかたによるところもあると思う。そして、あたりまえのものとして受け取っている「日常」は、そのままかたちを変えずに続いていくものではないとも、知る。

泰淳は、口述し、それを百合子が書き取る、というスタイルで出来上がったエッセイ集『目まいのする散歩』の中の一篇「鬼姫の散歩」で〈もしも、空腹というものがなかったら、私たちは結婚しなかったかもしれない〉とはっきり彼女に書き写させている。

泰淳は百合子より十三歳年上だった。六十三歳で死んだ。百合子は彼の死後に「枇杷」という題で夫と食べた果物の思い出を書いた。その、そう長くない文章は、こうしめくくられている。

〈ひょっとしたらあのとき、枇杷を食べていたのだけれど、あの人の指と手も食べてしまったのかな。——そんな気がしてきます。夫が二個食べ終るまでの間に、私は八

個食べたのをおぼえています〉（『ことばの食卓』より）

十二年間の日記には、タイトルのままに、富士山麓の山荘にての日々の記録のみが収められている。山荘は、武田夫妻の別荘だ。本来の住まいは東京・赤坂のマンションにある。そちらで寝起きした日々の記録も、なにを、どんな風に食べていたかを、百合子の洗いざらしの文章で読みたかった。生活のA面だけではなく、B面も、知りたかった。もっともっと、と、欲張るほどに、私は百合子の文章に寄りかかっている。

たけだ・ゆりこ（一九二五—九三）神奈川県横浜市出身。一九四三年頃から同人誌に詩や文章を投稿。四八年武田泰淳と結婚。六〇年、山梨県に山荘を購入。七一年に泰淳が脳血栓で倒れ、右手が不自由になったことから、口述筆記を務めるようになる。『富士日記』（中公文庫　全三冊）は、山荘完成から泰淳死去までの日記で、田村俊子賞を受賞。

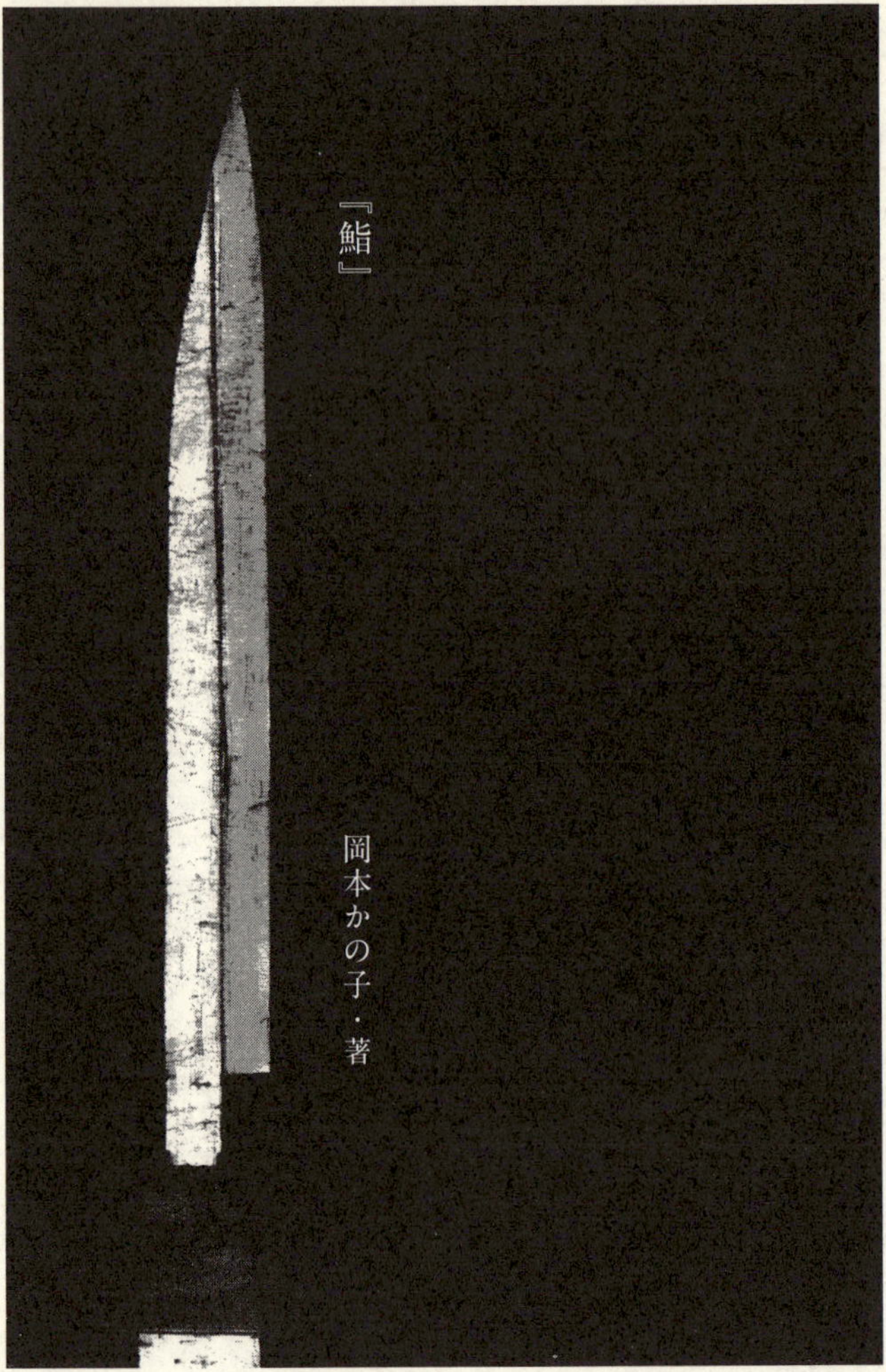

『鮨』

岡本かの子・著

初めて読んだ岡本かの子の小説は『金魚撩乱』だった。酷薄で綺麗な話である。『鮨』は、お鮨に明るくなければ面白く読めないかも、と、こわごわ開いたが、杞憂だった。そもそも金魚にだって特段明るくない。

『福ずし』という小さな鮨屋の娘、ともよは、ひとりの常連客を気にかけている。〈鮨の喰べ方は巧者であるが、強いて通がるところも無かった〉という〈五十過ぎぐらいの紳士〉で、名前は、湊《みなと》、という。お鮨でなく、観賞魚から生じたきっかけから、湊とふたりで話をする機会を得たともよは、彼がお鮨を食べたがる理由を知る。

読みはじめて『福ずし』の佇まい、お客の質、看板娘としてのともよの有り様などを追ってゆけば「お店」という場はなんと面白いんだろう、そしてそこで出されるお鮨、例えば、主の気まぐれで供される〈塩さんまを使った押鮨で、おからを使ってほどよく塩と脂を抜い〉たものなどはいかにも酒の肴によさそうだと、うっとりする。しかし、いったん、湊のお鮨の思い出が語られはじめれば、『福ずし』のお鮨のことはたちまちそっちのけになってしまう。

〈はだかの肌をするする撫でられるような頃合いの酸味に、飯と、玉子のあまみがほろほろに交ったあじわいがちょうど舌いっぱいに乗った具合——それをひとつ喰べてしまうと体を母に抛りつけたいほど、おいしさと、親しさが、ぬくめた香湯のように子供の身うちに湧いた〉

幼時の湊は、食べものの好き嫌いが激しすぎて、家族も自分自身も滅入りきっていたという。この世には素直に飲みこめる食べものなどほとんどないとかたくなに決め込む湊は、おなかが空くと、お母さんを呼ぶ。それは実際に今居て湊を心配するお母さんへの呼びかけではなく、彼が頭の中でこしらえた、母親像を慕う気持ちから出た声である。子どもも時代に耽りがちな妄想遊びか、と、軽くあしらってしまうことも出来るけれど、あの頃には、そんなことが奇妙にもはっきりと、切実に信じられたものだった。

湊を見かねたお母さんは、道具を一から揃えて、新しい緑の季節に、縁側に湊を座らせて、その目の前でお鮨を握る。そのお鮨は、偏食の湊ののどにつかえることなく胃の中へまっすぐ落ちてゆく、初めてのしっかりした食べものだった。これまでにない稚気あふれる食欲をみせてお鮨をどんどん平らげながら次をねだる。そのとき、湊の胸中では、幻の母親と、現実の、お鮨を食べさせてくれるお母さんの姿が、ぴったったり重なり合うのだった。

幼い湊が、お母さんにお鮨を握ってもらうくだりを読んでいると、お鮨がただの食べものではないように思えてくる。しかし、翻って考えれば「ただの食べもの」などというものはない。そんなものがあると考えることはすなわち、食べものを軽んじていることにならないか。

私はお鮨には明るくない。けれど、旨いお鮨は味の輪郭がくっきりしていて、品がある、というものだと思っている。

見た目が綺麗であること、それもお鮨には特に大切だ。街外れの回転鮨の店で、皿の上に乗っかった二貫のお鮨のひとつの、きっちり握られていない酢飯がぼろっと崩れて、横に転んだのを見た。そのまま、誰にも手を伸ばされないでレーンの上を走り去っていった。ずいぶん、うらぶれた風景を見てしまったな、と、たいして旨くはなかったその店のお鮨をそれ以上つまむ気がしなくなった。

手で握ってもらい、手で食べる。握ってもらってすぐ食べる。握る人と食べる人との距離が、他の食べものよりも断然、近しい。だから、知らない人の手に握られるお鮨には、とりわけしゃんとしていてもらいたいのだ。その後、ある人とお喋りしていて、私はあの回転鮨屋は嫌だと話すと、その人は、そんなこと言っても子ども連れにはすごく便利だしよく行きますよ、と、あっけらかんと返してくる。子どもを持ったことのない私はそこではそれきり口をつぐむしかなかった。が、果たして、子どもにお鮨はそれくらいぞんざいなものだ、と、刷り込んでいいのか。

とはいえ『鮨』にはこうある。

〈素人《しろうと》の母親の握る鮨は、いちいち大きさが違っていて、形も不細工だった。鮨は、皿の上に、ころりと倒れて、載せた具を傍へ落すものもあった。子供は、そういうものへかえって愛感を覚え、自分で形を調えて喰べると余計おいしい気がした〉

誰かしら見知らぬ人が、どこか見えない場所で握って、ベルトコンベアーの上に置いてよこすお鮨だったら、ただだらしないものとして目に映る姿も、情愛がまとわりつけば、全く別物となる。

食べものとは、そういうものなのだと思う。

このお話には、生きている魚も登場する。ともよが小川をのぞきこみ、そこに見つける鮒や鯰ら。彼女はその川魚に『福ずし』に来る客たちを重ねてみる。それから、ともよが湊から昔の話を聞くきっかけを作る〈髑髏魚《ゴーストフィッシュ》〉がいる。きっかけとなるわりには、おどろおどろしい名前が際立つのみで、いまひとつぼんやりした存在である。〈硝子鉢《ガラスばち》〉の中で生きているはずなのに、その証拠として水中を揺らぐところはひとつも描かれない。すでに泳ぐことをやめ、食べものの姿をとって人の目の前にあらわれる魚のほうが、俄然いきいきしてみえるのだ、『鮨』では。

おかもと・かのこ（一八八九―一九三九）小説家・歌人。東京都赤坂出身。兄・大貫晶川の影響で文学に目覚め、十七歳で与謝野晶子の「新詩社」同人となり、新体詩や和歌を発表。一九三六年、芥川龍之介をモデルに書いた『鶴は病みき』以後、小説に専心。『鮨』（ちくま日本文学『岡本かの子』収録）は亡くなる前月に『文藝』に発表された短編。

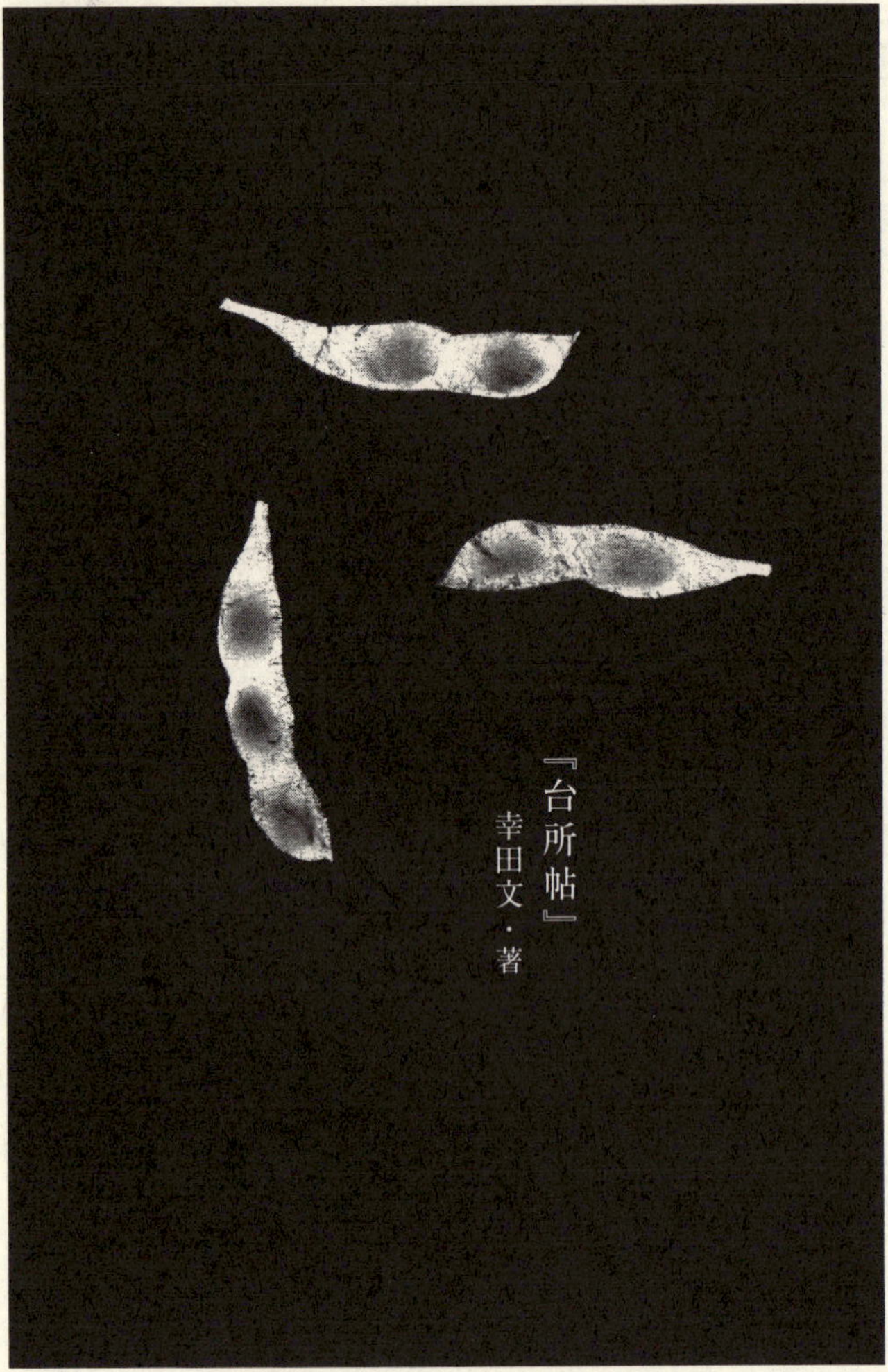
『台所帖』
幸田文・著

幸福感に満ちあふれるのみの食べもののお話、というのは、ひとくちふたくちはとてもおいしいけれど、私はたいがい途中で食べ飽きてしまう。もっと辛さが欲しい、味の中にも暗さが欲しい、そう求めてしまうのだ。

ただ、幸田文に限っては、明るく陽の照る下で書かれたような文章のほうが、素直に飲み込めるのだ。『幸田文 台所帖』と題されたアンソロジーに収められているエッセイのうち、夏の食べものを書いたものはさっぱりと粋で、読後感が清々しい。

例えばこのようなくだりには、つくづく感心する。

〈水ようかんを「木かげにて」といった感じのおいしさとするならば、煉ようかんは「陽にむきて」という感じの、強いおいしさだろうか。一方には、夏への意気があるが、これには力がある。夏にたじろがない力である〉

練りようかんは夏には暑苦しいお菓子ではないか、というこちらの先入観を吹っ飛ばしてくれる。

反して、彼女のお父さん、露伴の一挙手一投足を振り返り、その言葉がこれでもかと仔細に描かれているところからは、つい目を逸らしたくなってしまう。台所を預かっていた娘時代の文は、常日頃、神経質なお父さんの機嫌を損なわぬようにたいそう腐心していたという。だいたい〈晩も少し御馳走にしようというときなどは、敵討的に緊張する〉というのだ。ただごとではない。

文のエッセイを読む限りでは、お父さんの怒りかたは、しつこいものだ。ねとっとした言葉で、やりこめようとする。

娘が台所で立てる音のやかましさを牽制しようと〈京都にはやさしい台所の音がある〉と言う。あいまいな京都幻想のひとつとしか思えない。あるいは、酒の肴の盛り付けがごてっと多過ぎたとみえれば、こうだ。

〈「騒々しい膳をだすな。多きは卑し、という言葉をおぼえておいてもらおう。どれほど結構なものでも、はみだすほどはいらないんだ。分量も味のうちだとわからないようでは、人並《ひとなみ》へも遠いよ」といった調子です。素直でないいいかたですから、こちらもむかっとしますが、卑しくはみだしている、という一言はこたえます〉

エッセイのひとつ〈正月記〉には、失敗の許されない日の緊張が、記録されている。〈人並へも遠い〉という一言は、どうかと思う。家族に投げつけていい言葉だろうか。この日はまた特別なようで、読んでいるだけで、胸苦しくなってくる。しつけ、というよりも抑圧に読める。

ただ、しつけが厳しかったことを、ほとほと困った、という調子で語りながらもどこか誇らしげな人は自分の周りにも居て、あれは聞いていて鼻白むものだよなあとも、思い当たった。

父と娘、という関係に乗せて語られるお話であるから、そう読めるのかもしれない。私個人の事情としては専ら、母と私とか、祖母と母とか、女系のつながりの軋轢に心を砕くばかりで、さらにその上、父というもののややこしさなんてとても受けとめる余地はないままにここまできた。そう言い捨ててしまえば、わずかでも自らの胸中、自らの状況を投影できないものは受け入れられないのか、と、咎められるかもしれない。たしかにそうかもしれない。でも、投影をする面白味なしに、誰がわざわざ、他人の書いた、他人の家のお話などを読むだろうか。

あくまでも文は、お父さんに多大な尊敬を寄せている。もちろん、そうでなかったら繰り返しお父さんの話など書かないだろう。旨くお酒を飲んでもらうために奔走しながらも、酔っぱらったお父さんに遊んでもらうぞくぞくするほどの楽しさ、後に老いて勢いを失ったお父さんと迎えたお正月の寂しさ、などのくだりから、じゅうぶんに愛情が読み取れる。

反発と情愛の、葛藤。さりながら、そういう父と娘の話は、いくら読み返そうが、私にとっては、対岸の火事、なのである。

〈正月記〉には〈父の好む正月の前菜の一つなので、欠かせないもの〉として、牛タンが登場する。その下ごしらえのしんどさが鬱々と書かれる。それは幸田文の十代の終わり頃の思い出だ。後、五十二歳のときに書かれた〈二月の味〉と題したエッセイでは、お正月明けに牛タンを煮る話が軸となっている。打って変わって、牛タンを、あっけらかんとあたたかく料理している。

〈台所を預かるものには、肉よりもその肉を煮たあとに残る塩味のおつゆなのである。（中略）しぐれて空の低い日に、もしうちの前に水道、ガスの工夫さん、電線工事屋さんなどがちぢかみながら働いているというような時があれば、私はとっておきのタンのだしを使って、何であれ有《あ》り合《あわ》せに野菜をあれもこれもと刻み込んで、おみおつけをこしらえ、七色とうがらしを添えて持って行きたくなる。「探しても肉はなかったっけが、うまい肉の味がしたってえことよ」とからの鍋を返されること受合いである〉

　なんとか上手く煮なければと急き立てられてこしらえるのと、扱いに慣れて、好きに煮るのとでは、同じ材料でもずいぶん向かう気分が違うだろう。タンを煮ておいしく食べ、その煮汁を生かすまでの余裕がある。真に、タンを使いこなしているのだ。父の居ない台所にての、そんな風景を垣間見たこちらは少し、ほっとする。

台所での緊張の日々を下敷きにしてこその、彼女の台所仕事があり、文章があるのだろうと思う。けれど、下地は下地として、おもてにはあらわさない夏のエッセイのほうが、私は好みではある。その夏の台所で汗を流しながら茹でた枝豆を食卓に出すと、〈口の悪い父親によく「まあその鼻のあたまの汗の粒々を、ひっこめてからにしてくれないか、せっかくのエダマメもたべる気がなくなる」などといわれた。(中略)実際、マメなんかだれがゆでても同じようなものだが、顔に汗のないひとが、横むきのえりあしくっきりと、青いマメへ塩をふっていれば、マメからは湯気が立っていようと、涼しげでおいしそうにみえる〉とも〈紺の扇子〉という短いエッセイにはある。父と娘の、台所苦労話のしつこさを、私は〈鼻のあたまの汗の粒々〉のようなものとして受け取ってしまうのだった。了見が狭いと言われようがかまわない、涼しく読めるものに限って、私は幸田文の文章が好きなのだ。

こうだ・あや（一九〇四―九〇）小説家・随筆家。作家・幸田露伴の娘として、東京都に生まれる。父の死後、思い出を書いた『父』『こんなこと』などで注目を浴びた。『流れる』で日本芸術院賞と新潮社文学賞、『黒い裾』で読売文学賞受賞。『台所帖』（二〇〇九年　平凡社刊）は、娘の青木玉によって編まれた、「衣食住三部作」の二冊目。

『玉子ふわふわ』

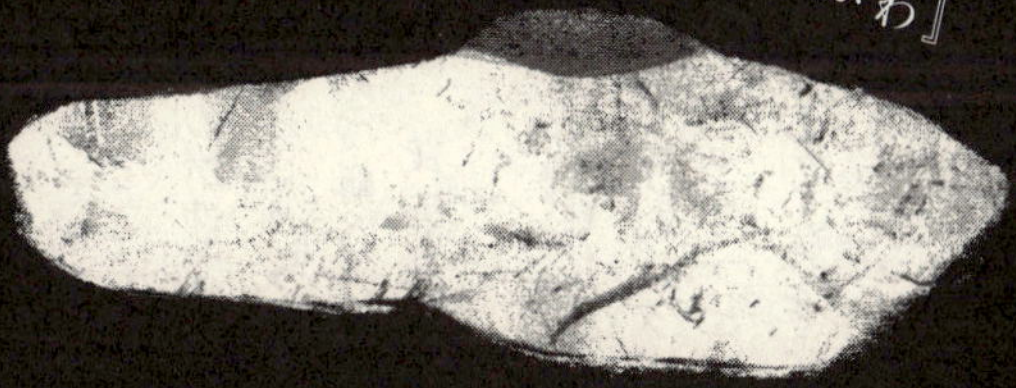

早川茉莉・編

私はあの丸い食べものを文字であらわすとき「卵」と書く。

それはいつのまにかの惰性ではなくて「卵」と書くか「玉子」と書くか迷った末に「卵」に決めた。「子」という字が入ると、生々しさが際立ち過ぎる、と思ったからだ。食べちゃうの？　温めて孵さないの？　との問いが不意に投げかけられるようで。「卵」と書いたほうが、食べものとして淡々と受け取れる。それがいいことかどうかは別として。

『玉子ふわふわ』は卵について三十六人が書いたエッセイと、ひとつの小説の一部分で編まれた、アンソロジーだ。タイトルは「玉子」で、本の中でも同じ「玉子」あるいは「卵」もしくは「たまご」といろいろだ。

その卵は全て、鶏のものだ。手に握りやすい大きさの、すぐに姿を思い浮かべられるし、今だって冷蔵庫からすっと取り出せる、あの卵だ。が、三十七人は各々、異なる形の卵を胸に抱えているようにも読める。この中から、私のとらえる卵にいちばん近しいのはどれだろうか、探すように読んでみれば、卵というものはこんなにたいそうなものであるはずがない、と、反発心を持ったり、その反対に、卵を軽んじている、と、腕組みして首をひねってみたりと、自分の「卵観」にぴったりと沿うものはないようでもある。

私も卵について書きたいなあ、と思わせられる。卵については、いくらでも書けそうな気がするのだ。それはやっぱり、卵が、食べものである以前に、これからその目を開けようとしている生きものでもあるから、だろうか。

『玉子ふわふわ』におさめられている森茉莉のエッセイ『卵料理』は、十年ほど前に夢中になって幾度も読み返した一篇だった。しかし、この本の中に並ぶエッセイのひとつとして再読すると、これまでとは違った色合いの文章に見えてくる。記憶していた印象よりも、ずいぶん明るく読めるのだ。

〈卵の形や色には、なんとなくいかにも平和な感じがある〉と森茉莉は書き、実際、頭から終わりまで、そのとおりのエッセイである。

しかし、卵について書かれた文章の上には、影が落ちる場合が多い。そんな傾向を見つけるには至らないでいた十年前の私だった。そののち、自分が卵について書いてみて、思いのほか暗い話に仕上がったことから、うすうす気付いていたけれど『玉子ふわふわ』を通読すれば、やっぱり卵はいつも明るいものとは限らない、と、はっきりするのだ。

特に、生卵にその傾向はあらわれる。生卵にまつわる思い出や印象が綴られるとき、そこには、文字通りの気味悪さ、あるいは恐れがみえる場合がある。

向田邦子のエッセイ『卵とわたし』には、女だけの感想が述べられる。

〈生卵を割った時、血がまじっていることがある。子供の時分は、「ウワア、気持が悪い」で済んでいたが、「おとな」になってからは少し違ったものになった。ひどくきまりが悪くて、困ってしまうのである。朝の食卓で、割った卵が、それだと気づくと、私は家族の目から隠すようにして台所に立ち、黙っていり卵にした。この頃になって女同士のあけすけな話のあい間に、私がこの話をしたところ、考え過ぎなのよ、と一笑に附されてしまった。「わかるなあ。あたしにも覚えがあるわ」といったのはただひとりだった〉

女同士であってもぴたりと共感はできない、たしかに潔癖すぎるともいえる反応だと私も思う。表向きには〈一笑に附〉していたい。けれど、不安定で、ぴりぴりしているときは、そういうわずかな気味悪さがひっかかってどうしようもなくなる自分も、たしかに居るのだ。

神吉拓郎のエッセイ『地玉子有り〼』では〈生の玉子を割ったときに、黄身の上に、ごく小さな血の点がついているのがあって、そのなまなましい血の色を見ると、どうも恐惶頓首して、ごめんなさいと謝まりたくなるときがある〉と、やっぱり書かれる。でも彼は男だからか〈血の色〉を自らの上には重ねてみない。同じエッセイの中で、神吉拓郎が、子ども時代にお使いに行った先で、声をかけても誰も出てこない店で目にした沢山の卵は『玉子ふわふわ』ではいちばん、不気味さをあらわにしている。〈みっちりと積み重ねられた玉子がなにか巨大な虫が産みつけた卵の塊に思えてきた〉

ぞっとする。「玉子」と「卵」の書き分けは明らかに意図的になされている。この一文を読んでからしばらくは「卵」の一文字を、素直に、おいしい鶏卵、とは受け取れなくなってしまいそうだ。

対して、いったん火で熱されて、まぶしい黄色をした食べものでしかなくなってしまった卵、オムレツ。卵焼き、目玉焼きなどを描写する文章は、その色を映してか、決まって明るい。森茉莉曰くの〈いかにも平和な感じ〉が間違いなく描かれている。卵の気味悪さが人の心にぐっと食い込むと同じくらいの力強さで、卵料理の明るさは、フライパンや鍋を手にする時間を、幸福感で満たされたものにする。

さりながら、池波正太郎がエッセイ『卵のスケッチ』で書く、幼時に祖母、母が作ってくれたというオムレツは、いただけない。

〈先ず、牛肉の細切《こまぎ》れとタマネギ、小さく切ったジャガイモを、醤油、酒、少量の砂糖でこってりと煮ておく。これをオムレツの中身にするのである。いかにも、むかしの東京・下町の女たちが考えそうなオムレツではないか。そうして、食べるときにはウスター・ソースをかけるのだ。このオムレツは、いまも家人につくらせて食べる〉

いかにもおいしそうなのに、どうして、いただけないの、と、訊ねられるやもしれない、そう、たしかにこのオムレツに罪はない。〈醤油、酒、少量の砂糖〉という味付け、ソースをかけるということ、たいへん贅沢な、東の味だなあ、と私も思う。いただけないのは、池波正太郎の姿勢である。〈家人につくらせて食べる〉なんて。卵の、気味悪さも、明るさも、全て自分で引き受けてこそ、まずは手に取って、割って、その感覚を知っている人の文章を、やっぱり私は読みたいのだった。

『玉子ふわふわ』（早川茉莉編・二〇一〇年　筑摩書房刊）玉子についてのアンソロジー。森茉莉、石井好子、三宅艶子、森田たま、中里恒子、住井すゑ、池波正太郎、東海林さだお、吉田健一、嵐山光三郎、北大路魯山人、堀井和子、津田晴美、田辺聖子、室生朝子、筒井ともみ、辰巳芳子、林望、村井弦斎、宇江佐真理ら三十七人の作家による「玉子饗宴」。

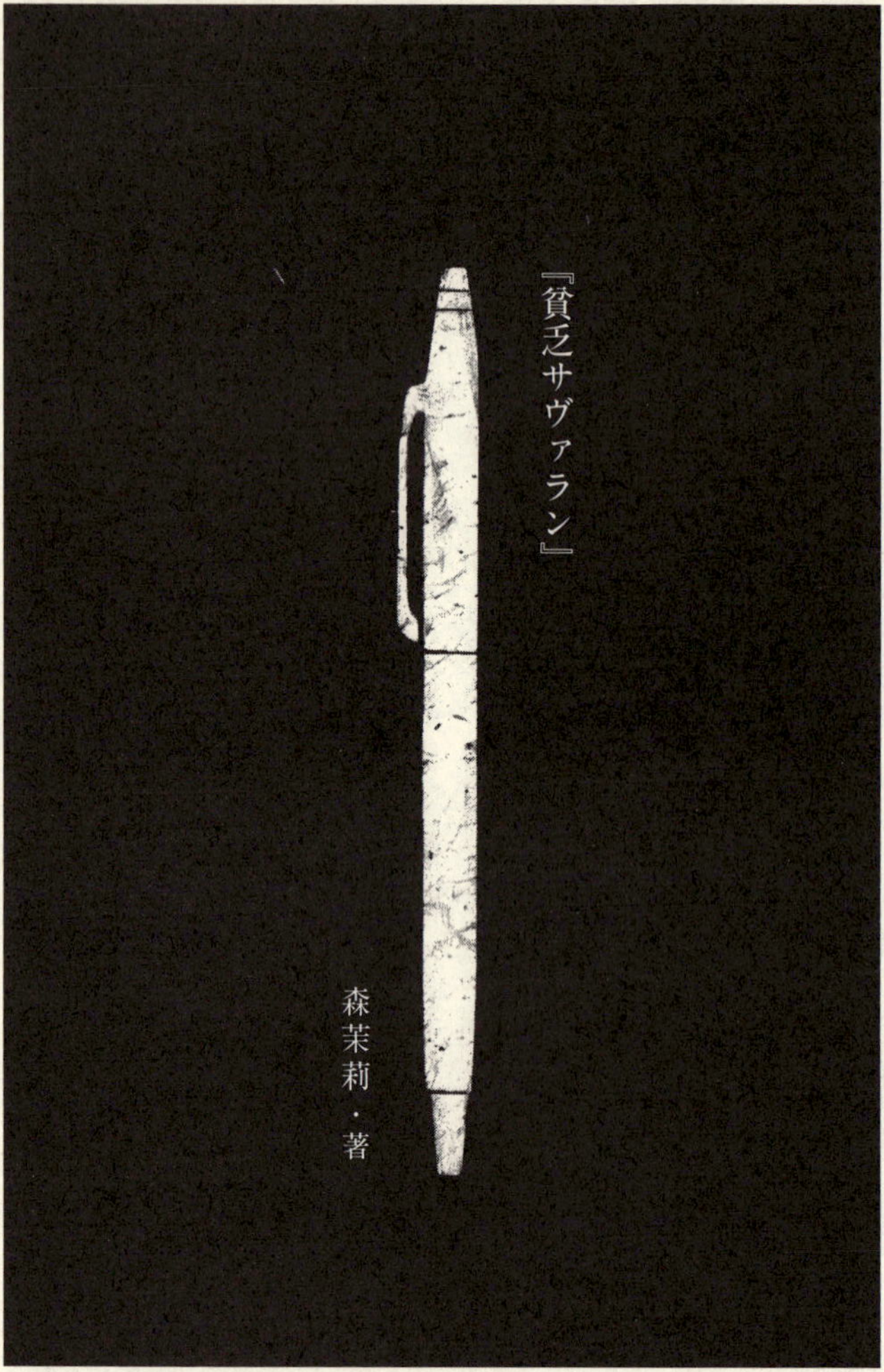
『貧乏サヴァラン』
森茉莉・著

昔、京都に暮らしていた八年間は、それ以前、それ以後と引き比べて、本を読んでいた時間は少なかった。本より他のことに忙しかったのもあるが、生活の中に、電車に乗る機会がほとんどなかったことが大きい。本は電車中で読むのがいちばん集中できる私である。

本格的に本読みを再開したとき、京都より東京に越してからの一年間、とにかくのめりこんでいたのが『貧乏サヴァラン』だった。森茉莉のエッセイから、食べものについて書かれたものを取り集めたアンソロジーである。

上京したての私はとにかく、やさぐれた、やけっぱちの気分でいた。近しかった女友達とは、私の勝手で上手くゆかなくなって、好きな人とは、こちらが一方的に好きなままで、それも上手くゆかないだろうし、と、そういうもつれを、はさみでちょきんと切るように上京してきて、ひとり暮らしの部屋で、しょっちゅう模様替えばかりしていた。そのあいだに読んでいたのだ、やけっぱちの気分にしっくりはまったこの本を。

茉莉が書くエッセイは、いったん本筋から逸れたらふらふら脱線したまま暴走する。自身でも〈書くことははじめから終りまですべて横道なのである〉とことわっている。たしかに〈横道〉なのだ。王道ではなく、わざわざ路地を歩く、無為の面白さがある。大きくて広い道ばかり目立つ東京だが、その裏には何本も〈横道〉が通っている。あえて茉莉はそこを堂々と歩いてみせる。

『貧乏サヴァラン』に収められているエッセイのうちには、もっと整然とした、端正な佇まいのものもあるのだが、しかしそれもやはり〈横道〉をゆくものであることは確かなのだ。

東京に越してきて間もなく、そのきっかけをくれたひとりの、年長の女性に「生活がないんです」と訴えたことがある。まだ二十六歳でしょう、そんな若いときには「生活」に実感など滲まなくて当たり前よ、そう返された。

土地勘がない、友人が居ない、決まって通うような場所がない。京都の楽しかったことばかり反芻している。そういう寂しさを総合して「生活がない」と言い表してみていたのだった。それに加えて、自分自身の芯がふらふら定まらないでいたから、生活、というどっしりしているものをとらえられないように思い込んだのだな、今ではそう解釈している。国語辞典で「生活」を引くと、当時の私が思い悩んでいたようなややこしさはなにもくっついていないようで、拍子抜けする。

当時のことを思い出すと、茉莉が「生活」について書いたこのくだりも頭に浮かんでくる。

〈苦節十年が尊まれ、蛍の袋をぶら下げて書を読む、飯の菜は小鰯の干物三尾、というようなものの出てくる小説は評判がいい。真面目に扱われる。貧乏、即ち生活、という思想である。父親の言葉を丸呑みにしてそのまま、ぬうと育った私が賢い子供でないことは認めるが、貧乏が書かれていなくては、(生活がない)、という思想はおかしい。金のある生活も〈生活〉である。貴族小説もあっていいのではないか?〉

茉莉その人の「生活」といえば、茉莉には〈砂糖と蜂蜜を混ぜたように甘かった〉というお父さん、鷗外に〈「お茉莉よし、よし、もっと食え」〉と溺愛された少女時代は、全く貴族小説そのものだ。

反して『貧乏サヴァラン』の巻頭にある同名のエッセイに描かれる六十三歳の茉莉の生活は、周りの人の目には決して貴族的には映らないはずである。狭いアパートでひとり、黒猫と暮らして、冷蔵庫を持たず氷屋へ通う。それほど来客が頻繁でもない、ラジオが鳴るほかは一見静かな生活のはずが、茉莉のペンにかかれば、ざわめく。不思議に、賑やかになる。饒舌で、シニカルで、夢見がちなペンを、彼女は持っている。

傍目に映る実際の起き伏しと、空想、思い出、それらを全てごちゃまぜにして、ぎゅっとひとまとめにしたものを「生活」と呼んで構わないのだと、私は茉莉に知らされた。

老年というべき年齢の茉莉の財布の中は、寂しかったらしい。

七十八歳の茉莉は、女友達に手紙を書く。友達の誕生日を祝うのを失念したまま日を過ごしてしまったことを詫びる手紙だ。詫びながら、自身の思い出話を書き連ねる。昔、まだ鷗外の印税に助けられて暮らしていた頃、昭和のはじめ、着物をどんどん新調して街へ遊びに出た、〈或日は幸福〉だったことを書く。その日は〈三越の食堂で特大のトンカツをとり、チョコレートアイスクリームをとり、かえりに三越の前の横丁にあった三共薬局で店の半分がソーダファウンテンになっているところに入り、チヨコレート曹達を飲み〉、と放埒に食べる。そういえば七十二歳の茉莉は、こんなチョコレートのお菓子をこしらえていた。

〈板チョコを好みのこまかさに砕いて、次に角砂糖を下《お》ろし金《がね》で三分の二程すりおろし、その粉を砕いたチョコレエトにまぶす。残りの三分の一の角砂糖を、板チョコと同じ位の細かさに砕いて、それも混ぜるのである〉

「工夫」をそのまま形にしたようなお菓子だ。そして、えらく甘そうだ。

七十八歳の茉莉は〈カンヅメのカレーを鍋にあけ、カンヅメのカレーには肉が三つ位しか入っていないので引肉とジャガイモ、玉葱を入れ、それをかけたごはんを夢のような幸福でたべたりしている毎日〉とも、手紙に書く。

享楽的な昔日も、つましい今も、どちらの食事からも〈幸福〉の二文字は外されない。

この手紙を書いた頃の茉莉の食卓には、現実には〈小鰯の干物三尾〉とそれほどの差異を見出せないくらいの貧乏がのっかっているのだとは思う。しかしそれを哀れっぽく、うつむいた姿勢で描くことはしないのが茉莉である。茉莉が書き出す貧乏は、貧乏は貧乏でも〈貧乏サヴァラン〉であり、〈贅沢貧乏〉なのだ。

ごちそうが盛られたお皿が運ばれてくるのをただ待つ贅沢はできなくても、鰯に侘しさを映してみる貧乏には陥らない。

工夫すること。

足りない分は空想で補うこと。

それが〈贅沢貧乏〉の精神である。

もり・まり（一九〇三―八七）小説家・随筆家。森鷗外の長女として、東京都に生まれる。父親に溺愛されて育つ。鷗外の著作権が切れた頃から文章を書き始め、一九五七年『父の帽子』で日本エッセイスト・クラブ賞受賞、『甘い蜜の部屋』『恋人たちの森』など発表。『貧乏サヴァラン』（九八年　ちくま文庫）は食エッセイを集めたアンソロジー。

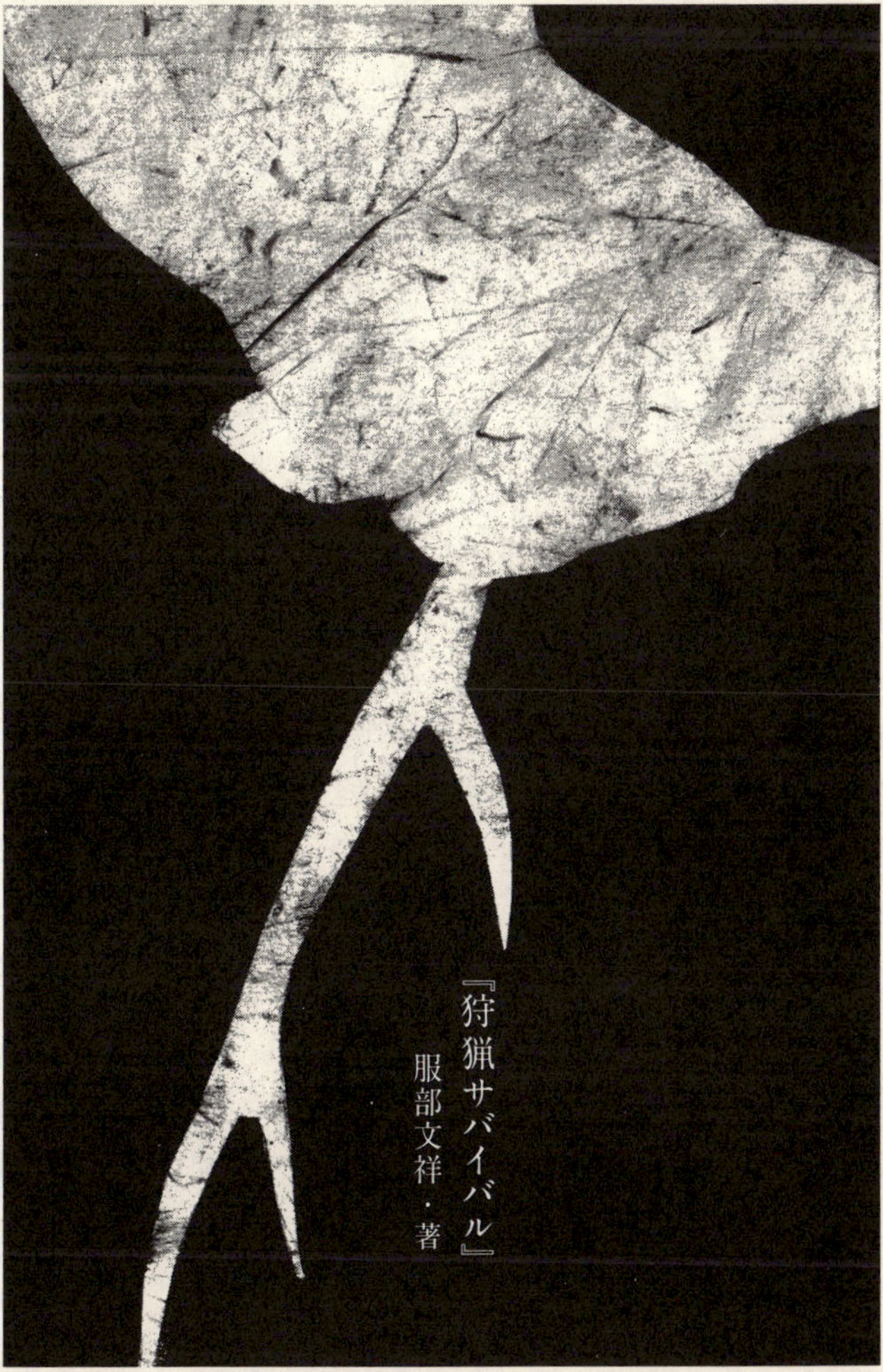
『狩猟サバイバル』
服部文祥・著

おいしいカレーライスを出す店の主に、仕込むに際してとりわけ気を配っているのはどんなことかと訊ねた。

作れるものは作るようにしています、その人は言った。

例えば「プルーンの紅茶煮」を隠し味に使うカレーだったら、プルーンの木を育てて実を収穫するところからはできないとしても、出来合いの紅茶煮を買ってきてそれを入れる、ということはしたくないのだと。プルーンを紅茶で煮るところから、カレーの匂いが漂う前から、カレー作りをはじめたいのだと言う。

おおいにうなずける。

料理をするならできるだけ、使う材料は、素材そのもの、まるのままから触りたい。例えば、よその国で缶詰にされたトマト缶の蓋を開けるよりも、自分でトマトを枝からもいでくるところからはじめたほうが、料理はわくわくする作業となる。そのほうが体にいいとか、安全だとかは、もしかしたら後付けの理由かもしれない。やるなら面白くやりたい、というシンプルな欲求が先立っているにちがいない、と私は思っている。

なので、私は「狩り」に憧れている。

まだ、憧れているだけだ。狩りの本を読むことしか、していない。魚を狩ること、つまり釣りの経験もない。漁船に乗せてもらったことは一度だけある。ひどい船酔いで、全く向いていないな、と、うなだれた。

さりながら、釣りしてみたいなあ、と、たわむれに人に言いかけると、実は今日もこれから夫の供をして海へ夜釣りに出かけるのだ、とか、したことあるけど自分の体じゅうが魚臭くなるのが耐えられなくてそれっきり、とか、多少なりとも身近なものととらえた上での返答を、たいがいはもらえる。

「釣り」が「狩り」に変わると、そうはいかない。「なぜ」「どうして」と問われない場合はほとんどない。

〈ケモノを銃で撃ち殺すことが一点の曇りもなく正しいことだと思う自分はどこにもいない。だが、それでも、と私は思い、いつもの思考過程をくり返す。肉を買ってきて平気でいるより、私のほうが正しいはずだと思おうとする〉

私と、年の頃もそう遠くない登山家、服部文祥が書いた本『狩猟サバイバル』にある、文章だ。

この本を読んでいる最中の私は、小さなおもちゃの人形にでもなって、書き手の背負うザックにぶらさがり、斜め後ろからその顔をのぞき見ながら山道を辿っている、そういうつもりになっていた。

山中で鹿を見つける。銃を構えて狙いを定め、撃つ。命中する。逃げられない鹿の傍に寄り、とどめを刺すくだりに入ると、書き手の背中にぴったりくっついていることがやや辛くなってくる。私は果たしてこういう風に、書き手のように振舞えるだろうか、どうだろう、不安になってしまうのだ。

捕らえた鹿をそのままがりがりかじれはしないから、食べられる部分とそうでない部分を分けるために〈小さな包丁〉で手際よくばらばらにする。〈研いであれば、ごついナイフだろうが、包丁だろうが、大きな違いはない〉とある。その解体の工程に入っても、私はまだ不安なままでいる。鹿がかわいそうだというのではない、と思う。すぐにそうやって動物に憐れみをかけてしまう質だったら、そもそもこの本には手をのばさないだろう。しかし、これまでに、例えば北海道で、あるいは栃木・日光で、野生の鹿を目にして、可愛い、と思わなかったこともない。

可愛い、と、おいしい、は両立するにちがいないとは信じている。

鹿の肉を、口に入れるのにちょうどいい大きさに刻んだり、火をおこして焼いたりという段になると、ずいぶんほっとする。書き手のやることなすことを、身近な行為として見つめられるようになる。どんな味なんだろうと、わくわくと待ち受ける。

〈素直な肉のうま味が凝縮されていておいしい〉

〈独特の脂がまたなんともおいしい〉

服部文祥は、それ以上は「おいしさ」の説明をしない。味を、なにか他のものに例えてみるなどして、言葉を尽くして肉を追いかけることはしないのだ。その代わりに、どうして狩りをするのか、狩った〈ケモノ〉を食べるというのはどういうことか、いつまでも考え込んでいる。自問をやめない。

〈他の動物が、獲物を丸呑みしたり、がつがつ食べてしまったりするなかで、獲物をきれいに解体するというのは、人間が他の生き物に誇っていい行為だと思う。魚を捌《さば》くことと同じく、料理という人類を代表する文化の源流がこの解体にあるような気がする〉

お肉になる前の〈ケモノ〉で、おいしいおかずをこしらえることができるだろうか。そういう機会を得ることができるか、そして機会がやってきたとき、動じずにいられるか。私はまだ、分からない。

『狩猟サバイバル』は、そういう私の漠然とした願望の輪郭を、少しでもはっきりしたものにしてくれる力を持っている本だ。服部文祥が、率直な文章を書く人だからだと思う。狩りへの葛藤も、もっと山の高みまで登りたいという欲も、できるだけ楽な場所で眠りたいという欲も、そちらに引っぱられたなら引っぱられただけ、誠実に、心の揺れを書き留めている。

〈必死で追っていたケモノに追いついた。だが、達成感のようなものは感じなかった。それよりも、これから自分が行なわなくてはならない行為にかすかな忌避《きひ》感が湧いていた。だが、いまさらすべてをなかったことにすることはできない。銃を下ろし「もう動けませんか」と鹿に話しかけた。自分の声が場違いに感じた。聞こえたはずだが、身動きひとつせず、鹿はじっと私を見ていた〉

鹿が、彼の問いに対して、口を開き、こちらに分かるような言葉を使って返事をしたならば、そこから、このお話は夢々しいおとぎ話に化けるだろう。

しかしこれはほんとうのお話だから、鹿は黙っている。そして鹿にはとどめを刺さなければいけない、ちゃんと殺して、ちゃんとおいしく食べなければいけない。そして得た熱量を使って、歩き続けなければいけない。それが「狩り」なのだ、きっと。

この本では、八頭の鹿を狩る経緯が、ひとつひとつつまびらかに書かれている。何頭を数えても、そうやすやすと慣れるわけではない、同じことの繰り返しにはならないのだと分かる。

はっとり・ぶんしょう（一九六九―　）登山家・作家。神奈川県横浜市出身。登山専門誌『岳人』編集の仕事の傍ら、自ら「サバイバル登山」と名付けた登山を実践している。すなわち、食料を現地調達し、装備を極力廃したスタイルの登山である。その実践の記録である『狩猟サバイバル』は二〇〇九年みすず書房刊。

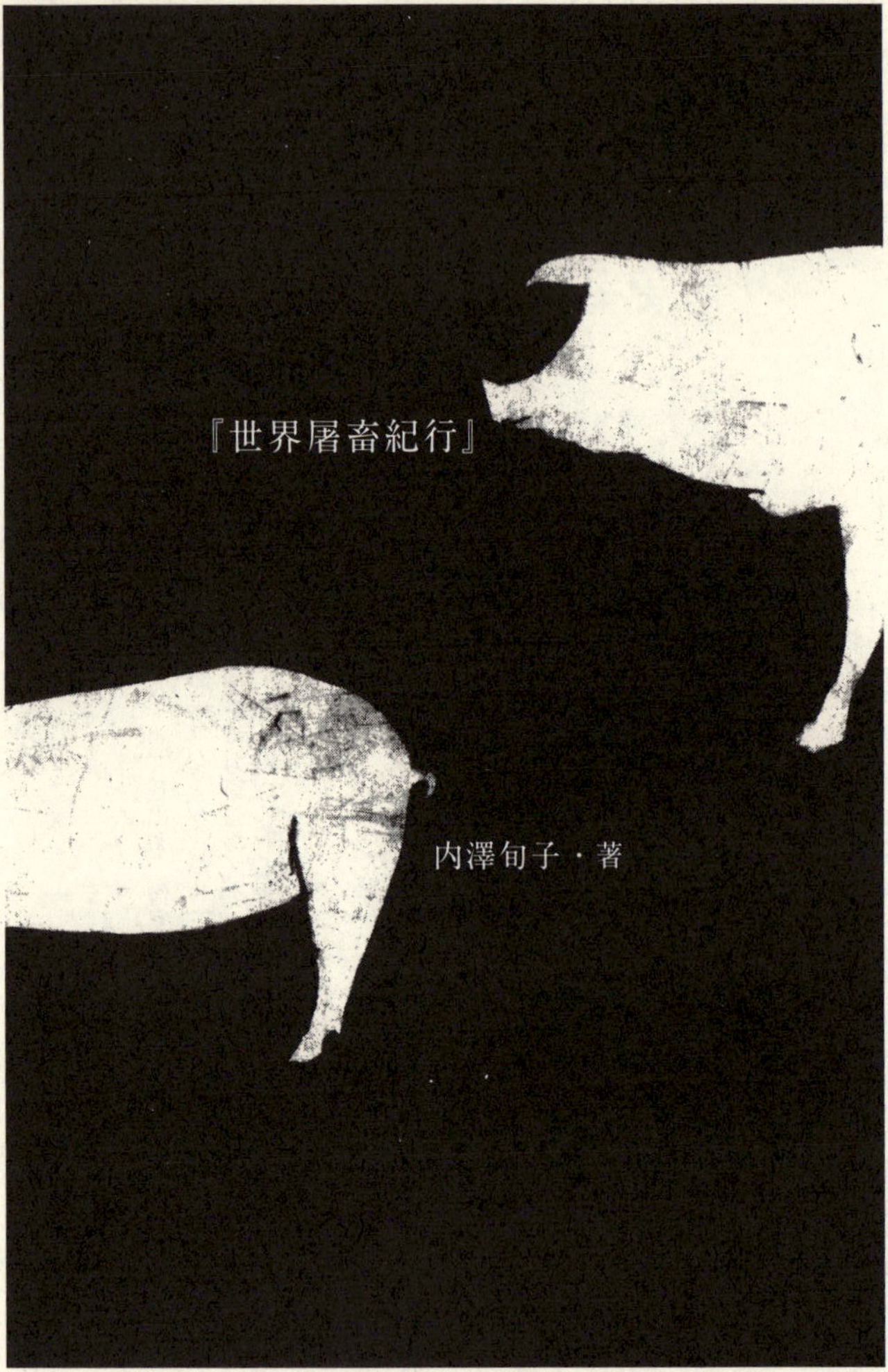
『世界屠畜紀行』
内澤旬子・著

『世界屠畜紀行』は、初めて読んだ「お肉の入門書」だった。

それこそ、食べ応えのある肉のような、どっしりした読後感のある本だ。本来、ぼんやりしていていいかに受け身で、ぼんやりしていたのか、知らされる。お肉に対してぃかに受け身で、ぼんやりしていてはお肉なんて口に入らない。


〈肉は「作られるもの」なのだ。死んだ豚や牛をそのままテーブルに載せたところで食べられない。皮を取って小さく切り分ければ済むわけじゃない。放血といって、血を抜かなければ肉はあのおいしい味にならないし、腐りやすくなってしまう〉


内澤さんとは前から、顔を合わせたら挨拶を交わすような、知り合いといえる間柄ではあったけれど、この本を読んでからは、すごい仕事をする人だ、すごい人だなあと、会ったとき、こっそりどきどきしている。

この本の中で辿られる〈世界〉は、韓国、バリ島、エジプト、チェコ、インド、モンゴル、アメリカ。食べられるのは、豚、羊、山羊、牛、ラクダ、犬。

この本を読んでから、スーパーマーケットでパック入りのを買う鶏のももだったり、あるいは豚バラだったり、それらのお肉を料理する気持ちが、どこか明るくなった。酒場にて、焼きとんやレバ刺しを頬張るときの気分も、明らかに、それ以前より晴れ晴れしている。では前は暗かったか、といえばそうではないけれど、しかし、知識を持たなかったということを鑑みれば、暗かった、といってもいいだろう。焼肉屋の壁によく貼られている、牛の絵に、体のどこからどの部位がとられているかが図示されているポスターも、ただの飾りだと見過ごさず、知識としてちゃんと刻み込めるようになった。

この本には、平明な文章、ごまかさない線画で、生きものが食べものになるまでが記録されている。もっといえば、生きものが食べものに変わるそのとき、そこに目を凝らす本である。この本を書いているあいだの内澤さんは、いつか食べられる生きものの世話を自らしていたわけではまだないし、また、お肉をどう料理しようかと包丁を持つ側にも、ほとんどまわらない。観察者に徹している。とにかくあちこちへ目を配っている。肉を作る仕事に携わる人、買って食べるだけの人、双方の胸の内を、彼女はじっと見つめる。とりわけ日本では、そのあいだに〈偏見〉という亀裂が入っている場合がある。彼女はそのひびから目を逸らすまいとする。屠場では撮影が許されない場合が多い。そこで内澤さんのスケッチが、彼女の緻密な絵がものをいう。

内澤さんは、肉を作る仕事の工程を見つめる度に、自分はこうやって働けるだろうかと自問する。体力に自信はないという。しかしそこさえ乗り越えられれば、やってみたいともいう。目を凝らすあまりに、近視眼的になり過ぎたと気が付けば、いけないいけない、と、その都度、姿勢を立て直す。

〈はじめてのときは、やっぱり身体を硬くして見守ったものだった。最期の息遣いも異常に耳に残った。正直に言おう、今の私は末期の息よりも屠《ほふ》る人の手つき、ナイフをどの角度で入れるかとか、頭をどれくらい要領良く外すかに気を取られてマス‼初心も忘れてはいけないなあ〉

ところが内澤さんは〈私は特別肉が好きなわけではない〉と、ちろっと表明もしている。おそらく彼女より読んでいるこちらのほうが、よっぽど肉を食べることそのものには執着しているだろう。だったらどうして、こんなどっしりした本が一冊出来上がるまでお肉を追ったのかと問いたくなる。が、好きだから、どこまでも追いかけていって幾らでも書ける、そんな単純なものでもないだろうと考え直す。書くこちらと、書かれる題材とは、好き・嫌いで割り切れないところで縁が結ばれてしまう場合もあるのだ。

内澤さんがお肉を追うきっかけのひとつには、その外側の「皮」があった。一時期、生業にもしていた工芸、製本のための素材としての豚皮に惹かれたのだという。表紙に使うのだ。〈革鞣しは1日にして成らず〉と題して、東京は墨田の皮革工場を取材した章、では、ずいぶん前のめりになって楽しんでいる。

また〈資本主義と牛肉〉という章では、アメリカはオレゴンにて、製本のワークショップに参加して、そこで一緒になった白人の女たちに、普段はどんなお肉を食べているのか訊ねる。革の他では、東京は芝浦の屠場で、牛の角をもらってバッグの把手として使っている、との絵も、嬉しげにちょこんと描かれているのを見つける。

食べることが入口でなかったというのは、やっぱり不思議に思える。とはいえ、それは動物はただ人の食欲のためだけに殺されるのではないという証明にもなるのか。しかし、革のベルトもリュックも靴も、私は、やっぱりぼんやり使っていたのだなあ、と、革鞣し工場を営む人の話を読んでみてやっと気が付く。革は使い続けていい色になるのが格好いい、などと言いながら、その革がどの動物のものだったのか、どこで鞣されたのかも、知らないし、特段知ろうとしないでいた。殊更に忌む気持ちで、目を背けようとしたつもりもなくて、ただ考えないでいたのだった。それは余計、悪い。自責の念、というものがじわじわと湧きかけるところで、内澤さんのこの言葉に、ふわっと救われる。

〈罪悪感を引きずりながら肉を食べたり革靴を履くくらいなら、きちんと動物への責任と感謝を感じながら生活すればいいじゃないの〉

この本の頭からおしりまで、ずっと内澤さんは、もやもやを打ちのめそうとしている。日本に暮らす人が、屠畜という場面を正視しないで、肉を漫然とむさぼっていることへの、もやもやだ。

その日本の屠場では、他の国と引き比べてずいぶん清潔に気を配られているのだと驚き、そこで働く人たちが真摯であることに打たれる。

芝浦では、子豚を可愛らしく描いた映画『ベイブ』を観たことで、いっとき、仕事が辛くなったという話を聞く。勤めて九年目になるという、女性である。

〈本当に吹っ切れるまでには時間がかかりました。あるときね、衛生検査局の先生から『衛生検査の獣医は生き物を生かすんじゃなくて殺すけれど、作業員は豚や牛を生かすんです』って言われました。私は逆かと思ってたんですけど、獣医は豚や牛の病気や異常を発見して、製品にダメ出しをするわけじゃないですか。で、私たちは豚や牛を肉という製品にする。そういう考え方もあるんだなあって思いました〉

背景を知れば、お肉がよりおいしくなる、という人ばかりは居ないだろうとも思う。牛や豚がかわいそう、と、憐憫の情に苛まれる人も居るだろう。そこで、かわいそうだから食べない使わない、そういうほうへ傾くのも、子どもっぽい甘ちゃんだと私は思う。知識を得て、考えながら、大事に食べる。そこに、辿り着きたい。

〈かわいいという感情だって湧くだろう。でも、食べる〉

それがまっとうだと思うのだ。

うちざわ・じゅんこ（一九六七―　）イラストルポライター。装丁家。神奈川県出身。『世界屠畜紀行』（二〇〇七年　解放出版社刊）は、世界の屠畜現場を取材してきた成果を、文章とイラストでまとめた一冊で、大きな話題となった。『身体のいいなり』（二〇一〇年朝日新聞出版刊）で講談社エッセイ賞を受賞。

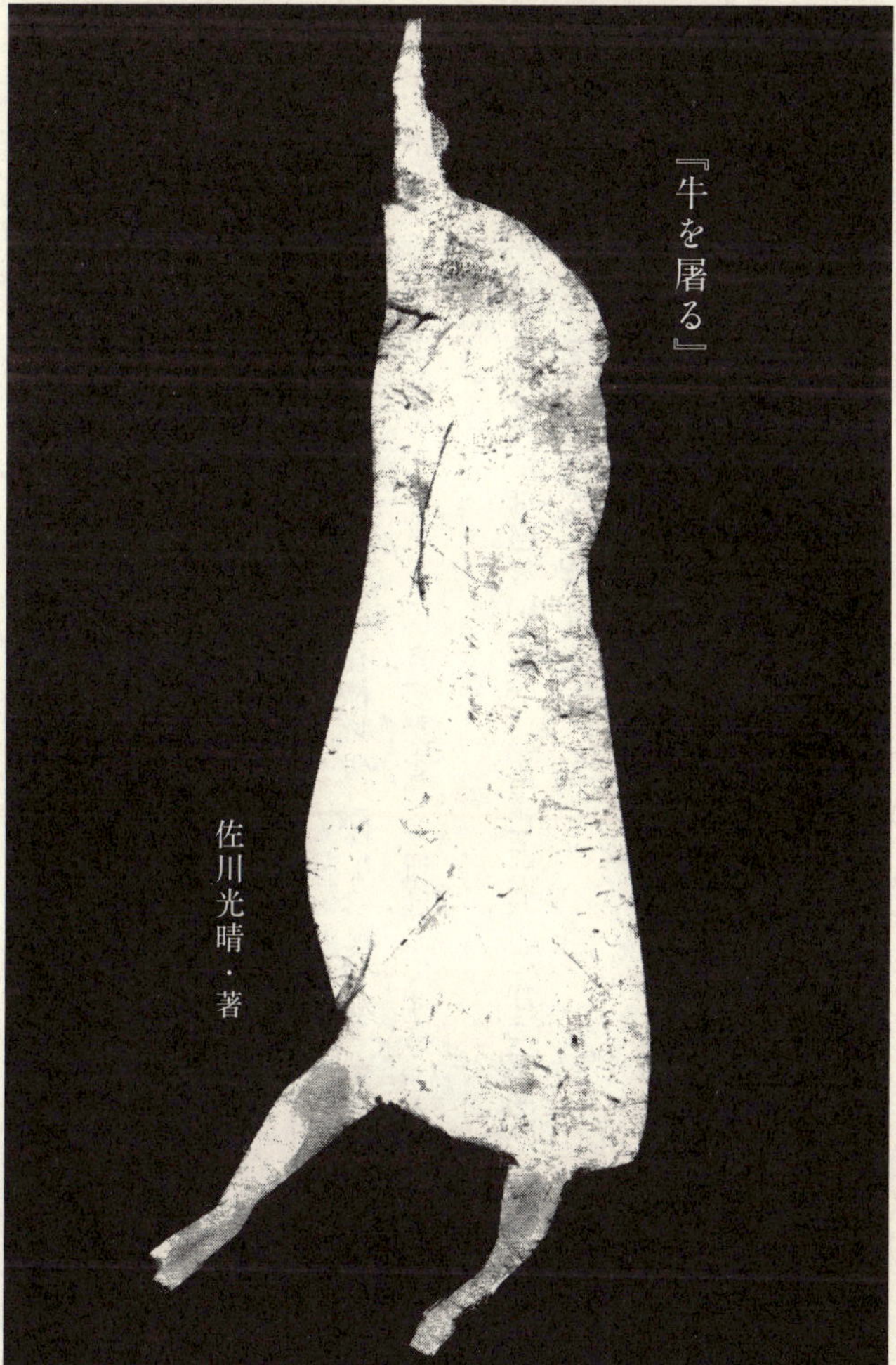
『牛を屠る』
佐川光晴・著

佐川光晴は「屠殺」という言葉に拘る。「殺」という一文字が、それを読む人、聞く人に、陰惨な印象を与えると理解はしながら、自身が十年半携わっていた仕事はこの言葉でしかあらわせないという。

内澤旬子の『世界屠畜紀行』は、タイトルのとおり「殺」の一文字を使わずに、しかし正面からお肉の話をしよう、という姿勢を、一冊通してずうっと貫く本だった。

そのまえがきにはこうあった。

〈ただ殺しただけでは肉にならないのだということを、わかってもらいたくて「屠畜」ということばを使っているんである〉

対して、佐川光晴はこう書く。

〈われわれは「屠殺」と呼んでも、自分たちが牛や豚を殺しているとは思っていなかった。たしかに牛を叩き、喉を刺し、面皮を剝き、足を取り、皮を剝き、内臓を出してはいる。しかしそれは牛や豚を枝肉にするための作業をしているのであって、単に殺すのとはまったく異なる行為なのである〉

佐川光晴は、埼玉は大宮の〈屠殺場〉で十年半働いていた。二十五歳からそこで働きはじめた理由は、きっちり説明されているように読めつつも、なるほど、と、すっきりとはのみこめないから妙だ。後から〈遊興場での勧誘、親戚の紹介に続く入社のきっかけは、私と同じ職安である〉とも書かれるが、彼ははなからこの仕事に就きたいと職安を訪れたわけではなく、いっとき勤めていた出版社でしていたのと同じ、編集の仕事を求めていたのだという。その希望をひゅっと翻したわけが、理詰めに考えてみただけでは分からないのだ。

「屠殺」という言葉への拘りを綴るくだりで、彼は〈牛や豚を殺しているのではないと言い張りながら、「殺」を容認するのは矛盾だが、われわれは「屠殺」という二文字の中に作業場でのなにもかもを投げ込んでいた〉と書く。あの仕事に就こう、と決めたとき、彼はただ理屈抜きで、自身の〈なにもかもを投げ込〉めるものを探していたのではと、解釈してみる。

初めて出勤した日の描写は、生々しい。生々しいといってしまえば、この本の全ては生々しさで満ちているのだが、この日は特別だ。その日に持っていた恐れの気持ちを含んだ記憶から書き起こされているからだろう。

彼の仕事は、まず、牛よりも小さい動物である豚の足に鎖を絡めて吊るすところから始まる。スタンガンで気絶させられた豚は、胸を切り裂かれて、また、反射で、いっとき激しく動く。彼は、次の工程のために、手を伸ばして、素早く豚の脚に鎖を絡めなくてはならない。もちろんすぐにするするとはできない。できなかった負い目、無様な自身の姿、投げつけられた荒っぽい言葉が活写されている。この日、荒い言葉を吐いた男は、後、最も信頼できる人となる。男は、働き始めて三日目に、佐川光晴にナイフを渡す。そして、研げ、と言う。

ナイフを初めて使ったのは、豚の尻尾を取る、という工程からだ。

毎朝、仕事が始まる前の時間に、長方形の砥石に向かってナイフを研ぐ。

〈料理人が用いる出刃包丁や柳刃包丁は硬い鋼でできている。それに対して牛や豚の解体では、ナイフを関節にこじ入れるため、硬い鋼では欠けたり折れたりしてしまう〉

それだから、柔らかい金属で作られているのだという。上手く研がないと変形してしまうくらいに。そのもどかしさ、そしてきれいに研げたときの気分のよさがすっきりと描かれる。そのナイフはどんな手触りなのだろう。金、のようなのだろうか。ナイフを持つ自分の手を、腕を、体をよりよく使うためには、体を休めなければならない。休めかたを知らなければならない。

書く、ということにももちろん体は使う。正しくは、体を使わないと書けないと思う。この本を、仕事を始めたばかりの頃に読めればよかったと思う。しかしその当時は、根性論にとらわれていたから、意思の力で道は開くものと思い込んでいたから、読み飛ばしてしまったかもしれない。

〈働くわれわれに求められるのは、体調を整えて苛酷な労働に耐えることと、先輩から受け継いだ技術を後輩へ伝えていくことである。具体的には、手を抜かずにナイフを研いで、大怪我をすることなく解体作業を行ない、家に帰ったあとは明日に備えて早くに眠る。われわれにとってはナイフの切れ味が全てであり、切れ味を保つためにいかにしてヤスリを掛けるかの一点に心血が注がれた〉

一心に牛の皮を剝いていて、不意に、ナイフを一段と巧みに扱えるようになった日のくだりは、瑞々しい。読んでいてどきどきし、そして、晴れ晴れとした気持ちになる。道具に身を任せながら、道具の力を最大に引き出せるようになったのだ。

磨いた道具が、人を導く。

〈ナイフの切れ味は喜びであり、私のからだを通り過ぎて、牛の上に軌跡を残す〉

自分の仕事にとってのナイフは、なんだろう。そしてそれを、上手く研げているだろうか。私にとってはペンである、と、言えれば格好いいのかもしれないが、それはこのナイフのように、形のある存在としてのペンではないようにも思える。〈屠殺というと、熟練労働の頂点のように思われているかもしれないが、それは少々理想化が過ぎる。ナイフを握ったことのない素人からすれば神業のように見える仕事でも、よほど不器用でないかぎり、三年もすればどうにかできるものである。なまじ腕を上げて、テコマエや皮剝きといったきつい仕事に回わされるよりも、与えられたポジションをこなしているほうが楽だと開き直れば、ナイフの研ぎ方だって上達しない。三十年ナイフを研ぎ続けても、いっこうに丸っ刃が直らない人だっているのである〉

特別な仕事、というものはないのかもしれない、そうも思わされる。仕事に、当たり前に真摯に向かえば、食い扶持を稼ぎながら自らも磨かれ、そして、どこかで誰かの役に立つものなのだ、そう信じられる。信じたい。

『牛を屠る』には、お肉の味については、一行しか書かれていない。ちなみに、こっそりと持ち帰ったハラミについて、だった。

さがわ・みつはる（一九六五―　）小説家。東京都出身。『生活の設計』（二〇〇一年　新潮社刊）で新潮新人賞受賞。『縮んだ愛』（二〇〇二年　講談社刊）で野間文芸新人賞受賞。『牛を屠る』（二〇〇九年　解放出版社刊）は大学卒業後、出版社勤務を経て食肉処理場に就職した著者の、その現場での十年の日々を描く。

『どぶろくと女　日本女性飲酒考』
阿部健・著

お酒を飲み過ぎる、というときは、たいがい、お酒に飲まれると同時に、場に飲まれている。そもそも、酔っぱらっていれば場に飲まれやすくもなるのだが。

私はいわゆる絡み上戸で、酔っぱらうとその隣に絡める誰かに居てもらいたがる質で、いきおい、あのときは酔っぱらってたからごめんね、という言いわけを何遍も繰り返してきた。反対に、そういう釈明をされたらなるべく許したいと思う。酔っぱらってたからしょうがないね、と。それはもちろん、私自身、かけてもらいたい言葉なのである。

お酒には、なるべくおおらかに向き合いたい。

そう考えている私には、『どぶろくと女　日本女性飲酒考』は全くもってうってつけの本だった。

お酒と女、というと、男と涙もくっついてきたり、あるいは、例えばキッチンドリンカーのように、閉じられた病んだお酒の話だったりすることが少なくない。しかし『どぶろくと女』には、涙も病も見つからない。男は居る。しかし、最初は一緒に和気藹々と飲んでいるのに、そのうち酌ばかりをさせようとし始めるのだ。そこで、女のお酒にかげりがみえる。

この本はずいぶん分厚い。そのページは、日本のお酒の歴史を丁寧にたどることに多く割かれる。縄文時代から始まっている。その頃はヤマブドウのお酒が飲まれていたらしい。それから、雑穀のお酒、お米で造るどぶろく、と移り変わる。今、ふつうに、日本酒、と呼ばれて飲まれている澄んだお酒、清酒が登場するまでには、長い年月を要する。清酒は主に、売るために造られる、お金を払って飲むお酒だった。家で飲むために家で造られるのは、ずうっと、どぶろくだった。

そして、どぶろく造りを担うのは女である場合が多かったという。

阿部健は、それほど多くは残されていない女とお酒のからまる資料を懸命に探す。中でもいちばん古い、中国の史書『魏志倭人伝』には〈会合での座席や起居の順序には父子や男女の区別がない。人びとは生来酒を好む〉とあるという。のびのびしているなあ。続いて、平安時代の貴族たちの宴席の記録、宣教師たちがもらした感想、室町時代の狂言、それらを苦心して読み解き、時系列につなぎ合わせて、この新しい歴史の本を書いたのだ。

とりわけ、幕末の紀州にての記録『小梅日記』は大きな拠り所とされている。そもそも『小梅日記』を知るまでは、阿部健は〈酒はハレの日に醸して飲むという古典的通説を漠然と信じていた。買い酒や日常飲酒は、百姓や庶民、まして女性には無関係と思っていた〉という。

小梅は、儒学者の夫をもち、来客の多いその家の家事一切を取り仕切り、切り回す。例えば、四十八歳の小梅の、お花見に行った日記はこんな風だ。

〈快晴、主人二日酔い、枕上がらず、皆休ます。昼前起出て書を見ることできず。又明日からは法事に付、外へも出られねば、今日河原辺りに行かぬかと言うゆえ、皆打連れて行く。梅本三人と権七荷持ち、合わせて十一人行く。小梅大いに酔い帰りて寝たるまま前後不知。深夜二時頃主人起きて火おこし茶煮てくれる。ようやくこの時小梅少し醒める。まことにかような事不覚也〉

なにやら、駄目な日の記録である。しょうもないなあ、と思う、苦笑を誘われる。その笑いは決して冷たいものではないのは親近感がすでに生じているからだった。

小梅は〈らんびき〉という蒸溜器を使い、仏手柑や紫蘇からお酒を造ることもしていた。いい匂いがするだろうな。ただし、それはあくまでも趣味の範疇で、お客をもてなし、自分も飲んでいたのは主に酒屋で買ってきたお酒で、清酒だと察せられるという。

女の酒の歴史に目を留め、調べ始めるきっかけが、この、親しみのもてる小梅という人からだったこともあるのか、阿部健の視点は、どこまでも平らかだ。先に引いた花見の日記に寄せて、こう書いている。

〈江戸時代の武家社会らしからぬ場面のように思われるが、果たしてそうか。「妻の大酔、夫の介助」は、江戸時代にも現代にも、あるところにはあるというに過ぎないのではないだろうか〉


明治以降、開国といいながら、女の酒の扉は閉じられることになる。しばらくのあいだ、ほとんどの女は、男にお酌をするのみの存在に押し込められ、それが正しいのだと、言い含められる。一八九九年には、家で酒を造ることが禁止される。

約七十年前の、福島県八幡村（現：相馬市）の記録には、その頃からやや昔を振り返って、こうある。

〈ニゴリザケ（木村注：どぶろく）は一年中つくっておいた。燗鍋にニゴリザケを入れておいて、来客があると炉にかけて、お茶を出すのと同じように必ず出したものだった。酒というものは、ご飯を炊くのと同じで女がつくるものとされていたから、女だけでつくるときが多かった〉

ハレの場のもの、という匂いはしない。〈ご飯を炊くのと同じ〉なのだから。女が作るのだから、そりゃもちろん、女も飲むだろう。小梅のように、家の、あるいは自分の財布を握っていない女は、自分で造れば飲めたのだ。

でも、造っては駄目、買って飲んだら、女のくせに、と、にらまれる。

この本で歴史を俯瞰してみると、それはやっぱり、どうにも不自然なのだ。ここ百年、おかしなくらい、男がお酒をひとり占めしていたのだ。その偏りを元に戻そうと、女がつっぱって、やっきになって、がぶがぶ飲んでみせていた時期が、ようやく終わりかけている、今はそのようなときだという気がする。無理にねじ曲げることはできなかったのだ。読了すれば、ほらね、やっぱりそうでしょう、と言いたくなる。男たちに言いたいかというとそれだけではなく、男にも、女にも、大きな声で言いたい。お酒を男にひとり占めさせたくもないが、かといって女だけで飲むのもつまらないし、一緒に仲良く飲みたい。

さりながら、読み始めるまでは、女もお酒を飲まなくちゃ、と、力んでみせる本かもなあと推し量ってもいた。それは、自分もどこかに、お酒を飲むことにわずかの罪悪感を持っているせいかもしれない。そんな罪の意識は百年と少し前に植え付けられたまやかしだということを知らされる本だ。

とはいえ、百年生きる人は少ない。

私だって、百年を、千年を軽々しく語ってみつつも、その実、まだ三十数年しか生きていない。

もちろん、本のページをめくるよりも、自分が実感をもって見知っていること、あるいは自分の周りの人から実際に見聞きしたことのほうに圧倒的なリアリティがあるのは当たり前だ。しかし、死んでも記録を残すことができるのが、人である。その記録を、その頃には生きられなかったこちらは読ませてもらい、空想、という手段で、その頃の世界に立ってみる。過去に思いを馳せることができて初めて、未来のことをまじめに考えられるのだ。

この百年間になされたことのみを手本に、今とこれからを考えようとするのは、愚、だと私は思う。お酒に限っての話ではない、もちろん。

あべ・けん（一九三三―　）清津生まれ。㈱酒文化研究所創設に参加。酒文化活動家。『どぶろくと女　日本女性飲酒考』（二〇〇九年　酒文化研究所刊）は、どぶろくと女性飲酒に光を当てた初めての酒文化史。年表・写真・図版など資料を多数収載し、日本の酒文化の歴史を生き生きと再現した意欲作で、六三〇頁の大著。

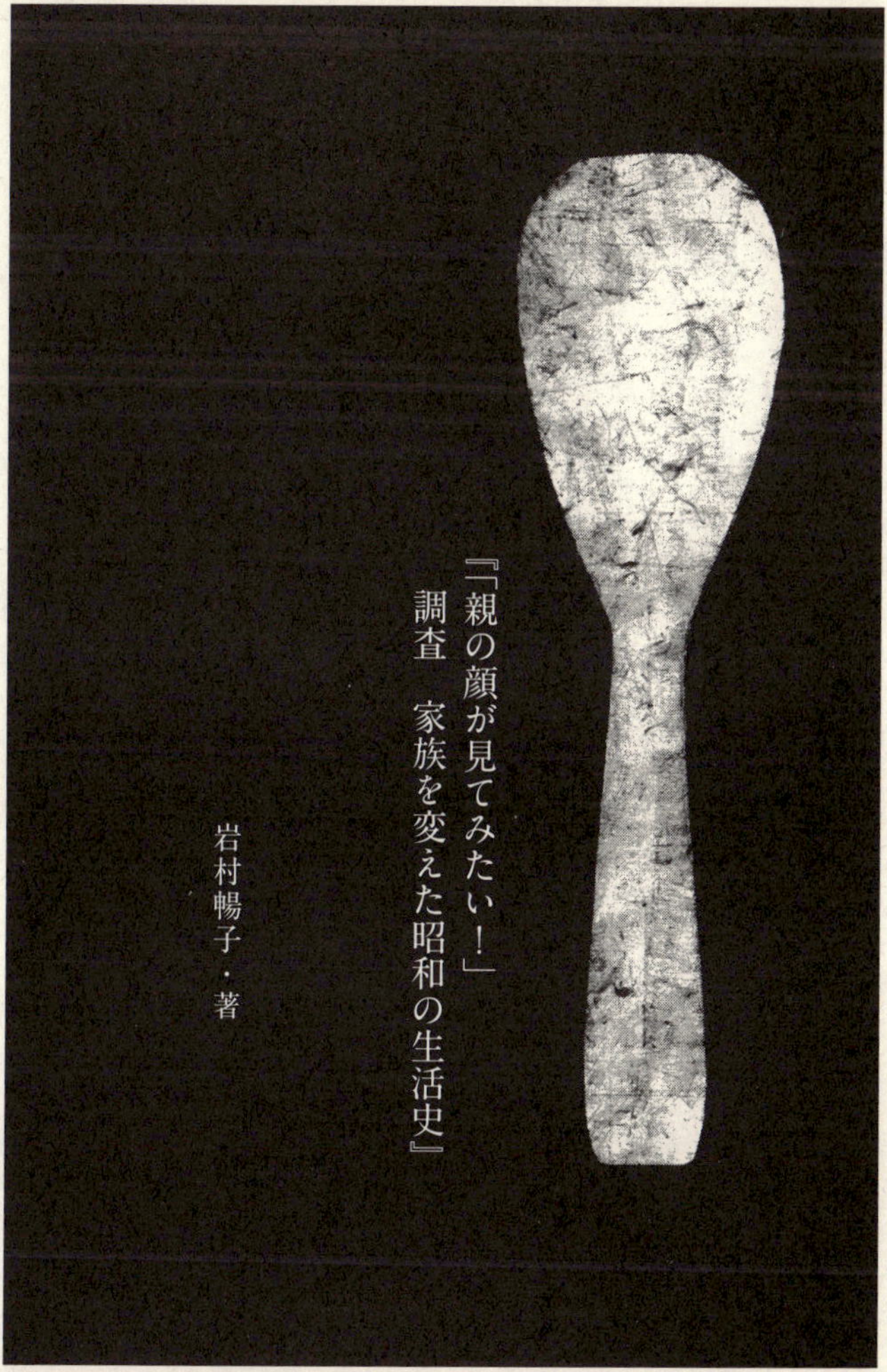

『「親の顔が見てみたい!」
調査　家族を変えた昭和の生活史』
岩村暢子・著

十八歳まで暮らした実家での、祖母が揚げ物をするその傍らに居る時間を、しばしばほのぼのと思い出す。私が手を出しても、今晩のおかずの主役を張るコロッケや精進揚げが台無しにならないような工程のみを、祖母は上手く受け持たせてくれた。無理に手伝わされるわけではなかったせいか、文句なく楽しかった。祖母は、教えてやらなければ、というような固い姿勢で私に向かいはしなかった。

が、母の傍でそういう時間は過ごさなかった。勉強しなさいとは言われても、料理をしなさいとは言われなかったことを、ずっと不満に、あるいは引け目に思っていた。

『「親の顔が見てみたい!」調査』は、丁寧な聞き取りから成る本である。四十組の母と娘に、食卓と台所のこれまでと今の実情を知るための質問を投げかけ、率直な答えを集める。それらをつぶさに分析する。この本のタイトルどおりの調査が行われたのは二〇〇四年だ。その当時、答えた母の平均年齢は六四・五歳、娘は三六・五歳だという。今の、私と母の年頃と近しい。

読み始めてまもなく分かったのは、自分の境遇が、至ってあたりまえのものだったということだ。

〈娘が結婚するまでに料理を教えたと言う母親は、四〇人中たった一人しかいなかった〉

教わらないほうがむしろあたりまえだったなんて、全くびっくりだった。しかし、あたりまえならば、じゃあそれでいいのだ、そう安堵する気にはならない。

〈煮物を作れない娘（三七歳）について、「今はそういうものが作れなくても『普通』だからいいじゃない」と言ったら、「普通がどうあれ、娘が作れないこと自体が問題だ」と言う夫と喧嘩になったそうだ〉

そのとおりで、皆同じだからいいんだよ、というところにおさめるべき問題ではないはずなのだ。

この本の著者、岩村暢子は一九五三年生まれ、私の母より四つ年下である。ちなみに、私の祖母は一九二五年生まれだ。その祖母の作るおかず、母の作る料理は、この本にあらわれるのとそっくりのかたちをしている。

〈昔の家庭の日常食を、「豪華でも贅沢でもないが、手作りで温かみのある食事だった」とか「野菜や魚を中心としたバランスのよい健康食だった」と今の人が語るのは、現代人のノスタルジーなのかも知れない。彼女たちにとっては、来る日も来る日もごはんと味噌汁、魚や煮物、漬物などの変わり映えしない食事で、しかも、それさえかなわぬもっと粗末な日も少なくなかったと言うから、「あの当時の食事は良かった」とは誰も言わないのである〉

ここで語られる昔とは、第二次世界大戦が終わってすぐのことで、それからはずいぶん時間は流れていたからすでに〈粗末〉ではなかったけれど、私の記憶にある、祖母のおかずは〈変わり映えしない〉ものだったことは否めない。

先述の祖母のコロッケの具は、茹でてつぶしたじゃがいもに、炒めて塩と白胡椒で味付けした鶏挽肉と玉葱を混ぜたものである、それはいつも判で押したように同じだった。クリームコロッケ、というものの存在を知って、食べてみたいと祖母にお願いしたことがあるけれど、作ってもらえたかどうかは覚えていないし、もし作っても一度きりだっただろう。はっきり記憶していないくらいだから、叶えてもらえずじまいだったら泣きわめくほどの要望でもなく「いつもの」コロッケに大した不満もなく、ただ、揚げ物上手だった祖母に甘えてみたかっただけだった。普段から作り続けて手に馴染んでいないものにあえて挑んでみる、ということに祖母は熱情を抱けなかったのだろう。そんなことは、自分が台所に立つことが日常になってから初めて想像できたのだった。

「いつもの」祖母の味、それは確実に私の舌に刷り込まれ、郷愁のスイッチとなっている。

この本では、一九六〇年代以降の台所の変化について〈日替わりで「違うもの」を食べるのが当然といった感覚さえ定着してくる〉とある。私の母はそういう感覚をたしかに台所の指針としていたようで、その時々に作りたい料理を、その献立に応じた材料や調味料を一から揃えて作っていた。雑誌や新聞の切抜きを台所のコルクボードに貼り、そこに未知のスパイスの名前があれば、買ってきて振り入れる。母の「いつもの」料理というのはなかった、といっても過言ではない。

そんなようであったから、祖母と母の台所の風景はまるで違ったのだった。それぞれの風景を、祖母と母は各々、自分の台所、といえる場所を専有して構築していたし、性格も違うから、と、子どもの頃の私は受け入れていたつもりだったけれど、いったんこの本を読んでしまえば、世情、世代差、というものは一軒一軒の家にきっちり影を落とすものなのだ、とも理解せざるを得ない。

〈「最近は手抜きで本を見ないで作るけれど、本を見ないで作る料理は惰性の料理だと思います」（六〇歳）、「今は自分のやり方でシャッシャッと『済ませてしまう』のですけれど、本やテレビを見て作るほうが偉いと思います」（六五歳）など、自分の慣れたやり方で作るよりも、いつも外の新しいやり方を取り込む方が「丁寧」で「偉い」と思うような感覚も出てきたようだ〉

〈新しいやり方を取り込む方が「丁寧」で「偉い」〉という価値観そのものが、古い。私はそう思う。果たしてそれが、私個人の考えなのか、私を含む世代の傾向なのか、まだ分からないけれど、どちらかといえば後者であることを望みたい。

こと食べものについては、馴染むこと、慣れは、「おいしい」という感覚になだらかにつながっている。思い出がくっついてこそ、食べものはほんとうに豊かなものになる。味は記憶をよみがえらせる。

新しさばかりを賞賛しても満たされなくなったら、ちょっと後ろを振り返ってみればいい。おそらく、私はそう考える世代に属している。

しかし、これまでは、振り返る余裕もなかったのだ。

〈思えばたった一代の間に、こんなにもめまぐるしく変わる台所に対応してやってきた女性たちが、かつていただろうか。「次々（台所が）変わってしまったので」「どんどん（設備も）新しくなっていったので」などと母親たちは語っていた。「次々出てくる新しいものについていくだけだった」と言った母親もいる。（中略）母親世代は昔からのものにこだわる暇も考える間もなく、古いものを捨てて、次々と新しく出てくるもの、もっと良いものを求め、差し替え、順応して進んできたのである〉

きっと、彼女らは、その道程の果てに、もうくたびれてしまっている。だから、こんなことを言ってしまうのだ。おかずの盛り付けについてのくだりだ。

〈料理を一からきちんと作ることより「彩りを添える」「ちょっとアレンジする」「手作りした感じを出す」ことを大事だと言い、それによって味や栄養よりも「お母さんの愛情が感じられる」「お母さんの心が伝わる」「我が家らしさを感じる」「和みが感じられる」「温かさが伝わる」ことの大切さをしきりに強調していたのが印象的だった〉

〈手作りした感じを出す〉という言葉に、ぞっとする。そんな、ぬるい〈お母さんの愛情〉だったらいっそ要らない、と、怒鳴りたくなる。そうやって、かあっとなった後には、寂しくなる。ひとりひとりを責めることに、意味はないのだ。そのことが分かる本なのだ。この先、これ以上、台所の断絶が続いて欲しくないと、切に思う。

いわむら・のぶこ（一九五三―　）北海道出身。広告会社アサツー ディ・ケイ 200X ファミリーデザイン室長。食卓を通して現代の家族や社会を見つめる研究を続ける。『「親の顔が見てみたい！」調査――家族を変えた昭和の生活史』（二〇一〇年　中公文庫）は、一九六〇年以降に生まれた主婦を育てた母親達の生き方、時代状況等を徹底調査したもの。

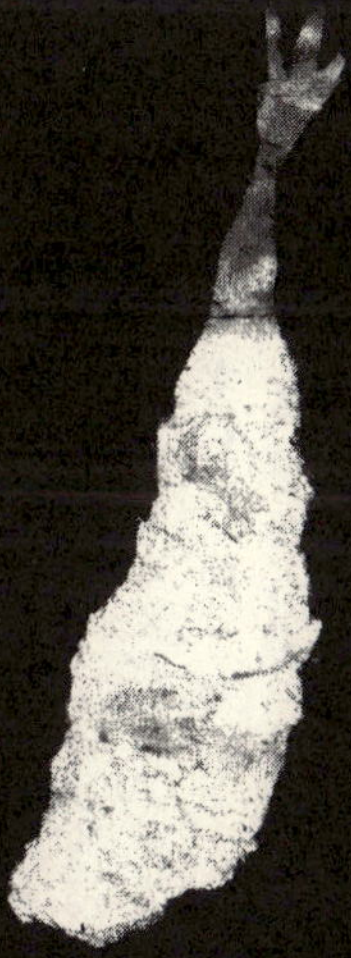

『天ぷらにソースをかけますか？　ニッポン食文化の境界線』

野瀬泰申・著

日本中あちらこちらから寄せられた〈食の方言〉が、ぎっしり詰め込まれた本である。

読んでいると、日本はとんでもなく広い国に思えてくる。

その方言を、二〇〇二年から〇六年までのあいだ、日本経済新聞のウェブサイトで集め、柔らかくとりまとめたのは、記者の野瀬泰申だ。彼は、てんでんばらばらな〈方言〉に、公平に耳を傾ける。

彼は、タイトルの〈天ぷらにソースをかけますか?〉にはじまり〈唐辛子を「南蛮」と呼びますか?〉〈カレーに卵をのせるとしたら?〉などとの問いを次々と投げかける。

ただひとつの正解、というものを求めるための問いではない。

〈天ぷらにソースをかけますか?〉と問われて、大阪の人は〈ソースをかけて一番うまいのが揚げたてのイカ天。その次がアナゴ天、そして小イワシ天〉と答え、関東では〈スーパーの安い天ぷらには醤油、自家製には天つゆ〉だったと思い出す人がいて、香川に暮らしたことがある人は〈香川県人は、天ぷらは「天ぷらうどん」としてしか食べないのです〉と言う。

これら、いろいろな答えは、そう、どれも正しい。

野瀬泰申は、個人個人の嗜好を探るのではなく、ただ、くっきりした〈境界線〉を引くために、問いを投げかけている。その線は、日本地図の上に引かれる。地域と、そこで食べられるものの結びつきの強さを確かめるために。

〈ついに「ソースで天ぷら」地図の速報版ができてきた。きれいだなあ、不思議だなあ。それが正直な感想である。東日本型と西日本型の食文化の境界線といわれる糸魚川─静岡構造線（フォッサマグナの西端）をこの地図のうえに引いてみてほしい。どうだろう、完全ではないがほぼその線を境に西は濃く、東は空白になっているではないか。つまり、天ぷらにソースをかけて食べる文化は西日本に固有の文化であることがわかる。私たちはついにこれまで誰も描かなかったであろう地図を描いたようである〉

問われる食べものは、いわゆる日本らしい食べもの、天ぷら、味噌汁、お赤飯、カレーライスなどがほとんどだ。

〈味噌汁にニラを入れますか？〉との問いに、私は、わざわざ訊ねるような珍しいことかなあと思った。そりゃ、入れるでしょう、と。それに対する回答をみて、驚く。〈入れない派〉の割合は、西日本を主として62・1%にもなるのだ。入れます、そう答えた数がいちばん多かったのが栃木県だったという。私の出身地だ。そういえば、西の人としか一緒に暮らしたことがないが、なんの気なしに味噌汁にニラを入れて食卓に出したとき「ニラも、まあいいかもね」というような腰が引けぎみの感想を言われたのは、あれはいつのことだったか。当時は受け流していたけれど、今思えばあれはニラに怯んでいたのか。

ちなみにニラはさっと煮た、色が変わらないくらいがおいしく、絹豆腐も共に入れると合う、そう思っているはずだ、きっと栃木の、多くの人は。

出汁＋味噌＋具＝味噌汁であるのはたしかで、でも、出汁は鰹節か煮干しか、また別のものでとるか、味噌は米か麦か豆か、その組み合わせが変われば、ずいぶん印象の違う味噌汁になる。これはたしかに味噌汁だ、という先入観を持って口をつけなかったら、全く別のスープだという感想を抱くやもしれない。

味噌汁にはただひとつのお手本はない。ところ変われば味噌も、出汁も、具も変わる。すると味噌汁の色も香りも変わる。

いや、ところ変われば、というよりも、この本を読むと、たいがいの食べものは東と西に引き裂かれている、それが明らかで、本のページも終盤に差し掛かったところ〈カレーライスと生卵〉という章で野瀬泰申は〈ともかくカレーにのせる卵、カレーそばの生活密着度ともに東西偏差が明らかになった。いつも思うが、どうして日本人の食の文化はこのように東西で類型化が可能な要素が多いのであろうか〉と、ため息をつくように書く。京都に暮らしたことのある東女として、東と西の撞着にもやもやすることは多いが、これはもう、私ひとりが悩んだって、どうしようもないのだ。

野瀬泰申その人は、福岡県久留米市生まれで、大学生活を東京で送り、記者になってすぐ大阪に赴任したと、プロフィールにある。日本の南、西、東を身を以て知っているわけである。彼の〈方言〉のまとめかたが柔らかいおかげで、東西の対立に火をつけ煽るような、どちらかを褒め、どちらかをおとしめるようなきりきりとがった本になっていないから、いい。明るく広い食堂にて、皆でわいわいやっている、そういう風景をぎゅっと凝縮して、本の形にしたようなのだ。私はこういう食べかたが好みだ、と主張したかったら、あの人がどんな風な食べかたに愛着を持っているかにも、優しく耳を傾けるべきだよね、と、思い起こさせてくれる。

のせ・やすのぶ（一九五一―　）福岡県久留米市出身。日本経済新聞特別編集委員。「食の方言」があることに気づいて以降、取材を続ける。『天ぷらにソースをかけますか？――ニッポン食文化の境界線』（二〇〇九年　新潮文庫）はネットで募集して集まった厖大な情報を分析した、「食の方言地図」とも言うべきもの。

『ほしいも百年百話』

先崎千尋・著

ほしいもの本だったから、惹かれた。

さつまいもの本であったら、また後で読もうと思っただろう。大学芋でも、スイートポテトでも、芋焼酎でも、芋けんぴでもなく、ほしいもだから手に取った。

さつまいもはいろいろに形を変えて愛されている、その中でもほしいもは、なかなかどうして地味な存在である。

ほしいもは保存食だ。

保存食というものは、概して地味なものなのだ。

『ほしいも百年百話』には、ほしいもになる以前のさつまいも伝来の歴史、ほしいもは静岡で多く作られるようになった話、茨城でも作られはじめた当時の記録、主な産地が茨城に移った経緯、様々なこぼれ話などが、タイトルに違わず、ぎっしり書き込まれている。巻末に並ぶ参考文献は百五十二冊に及ぶ。百年、というのは、茨城にほしいもの製法が伝わってからの時間である。

去年の暮れに、大洗までドライブをした。運転免許を持っていない私は助手席に腰掛けているのみだが、流れる景色を前から見たり横から見たり、カーナビを見たりときょろきょろし過ぎるせいか、車を降りるとぐったりとくたびれている、けれど、やっぱり楽しい。

帰途、車に乗らないと容易には辿り着けない巨大なホームセンターに、水戸に向かう道すがら、立ち寄った。その一隅に山と積まれた段ボール箱を見る。箱には、さつまいもの絵が描かれている。それをぱっと見ただけで、もう、ぴんときた。あの箱にはほしいもが入っているに違いない。

果たせるかな、そのとおりだった。

水戸のデパートにも寄る。その入り口のところに、お歳暮にほしいもをぜひどうぞ、というような宣伝文句が書かれたポスターを見つける。そうそう、茨城といえば、ほしいもなのだ。

ほしいもとは〈サツマイモを蒸して皮をむいて薄く切って干してできた〉ものだ。

茨城との県境からそう距離もない私の実家は、二十年ほど前まで干瓢問屋を営んでいた。わずかに小売りもしていて、きっちり袋詰めされた干瓢の横には、千葉の落花生と、茨城のほしいもも置かれていた。そのほしいもは、しばしば私のおやつになっていた。

京都でひとり暮らしをはじめてからも、しばらくはお米などと一緒にほしいもも実家より送ってもらっていたものの、京都でできた友達には、お裾分けはほとんどしないでいた。小包に共に入っていた、那須のトラピスト修道院で作られるガレットや、鉱泉煎餅という、温泉地の小麦粉菓子は、喜んで食べてもらえたのを覚えているけれど、ほしいもはワンルームの部屋からおもてへ持ち出しはしなかった。炙ったほうがおいしいのだが、そういうひと手間が必要な食べものを人に勧めるということに気後れしていた、まだ、その頃は。それに、どんなものか説明をするのに、さつまいもを干したもの、というだけでは、わあ、食べたいな、と、前に乗り出してはもらえないとためらっていたのだ。それ以上にほしいもについて語れるほどの知識はなかった。

京都では、ほしいもが売られているのをそうそう見かけない。ちょくちょく食べられるものではないことはすぐ分かった。

茨城だけのものなのだろうな、と、思い込んでいた。

しかし、ほしいもなんて知らないですよね、と、ふと言ってみたところ、食べますよ、と、あっけらかんと答えてくれたのは、意外にも、高知、愛媛など四国の人、そして福岡の人だった。

『ほしいも百年百話』には、茨城と静岡の他の産地として、たしかに〈三重、長崎、鹿児島、群馬、愛媛、埼玉、高知〉とある。どこでも、ほしいも、と呼ばれているわけではないともある。例えば四国には〈ひがしやま〉〈ほしか〉〈ゆでほしか〉などの呼び名があるとか。〈「ひがしやま」は愛媛県宇和島市や高知県宿毛市の島々で作られており、高知空港では置くそばから売れてしまい、なかなか買えない土産物だと聞いているが、なぜ「ひがしやま」と呼ぶのか分からない〉と記されている、なぜだろう、私も分からない。

そういえば干瓢だって、今、栃木でそのほとんどが産出されているのだが、そのもととなるユウガオは天然にずうっと昔からそこに生えていたわけではなくて、およそ三百年前に、滋賀から種が持ち込まれて栽培が始まった、そういう経緯があるのだった。「今」だけに目をやっていては知れないことがある。

そもそも、静岡では、ほしいもは、鰹節を乾かすためのせいろを転用して作られはじめたそうだ。鰹節、ということは、海のそばだ。静岡の御前崎を中心に、ほしいもはどんどん作られる。〈日露戦争の時にはこれが採用になり、軍隊の食料とされた。そのために、後に「軍人イモ」と呼ばれるようになった〉という。それから少し後、一九一六年の記録には〈切干（※木村注：ほしいもの当時の呼び名）の敵となるべきものは串柿及び柑橘なり〉とあるという。保つ果物がライバル、ほしいもの甘さはこの記録からも嚙み締められる。

茨城では今、ひたちなか市、東海村、那珂市でほしいもが作られている。こちらも、海のそばだ。やはり、煮干しや、鰺、さんまの丸干し、鰹節などを作る道具を転用してほしいもは作られはじめた。作りかたは、静岡で見知った、また、静岡から技術者を呼びよせて習った、などと、記録に残っているという。

気付いたことがある。御前崎市、東海村、どちらにも原子力発電所がある。海に面していて、しかし漁業に専念するだけでは潤わない。だから、ほしいもを作ってみよう。そういう気運が共通していたと察せられる。しかし、ほしいもでもじゅうぶんには潤わなかったのだった。原発を誘致した経緯が、ほしいもの向こうに透けてみえる。あながち乱暴な推論でもないだろう。

蒸かしたさつまいもを、ほくっとふたつに割ってみると、紅色の皮に、黄色の中身が、目にも綺麗に映る。ほしいもは、その、隣り合わせれば綺麗な色を、パレットの上で混ぜ合わせたような色合いだ、炙る前は。そしてところどころ、白い粉を吹いている。パンをトーストするのと同じようにして炙ると、艶が出て、黄色が勝った、おいしそうな色に変わる。そのままを齧るよりも柔らかく甘くなる。

〈以前は、ほしいもは白い粉が付いているものと相場が決まっていた。今では逆に、白い粉が付いていると、「これはかびている」とクレームがつけられる。これまでの研究者の調査によれば、白粉の主成分は麦芽糖で、糖の結晶は本来無色透明だが、結晶が細かくなるほど光の乱反射が起こりやすくなり白く見える〉とあるのを読んで、そう、相場が決まっているよ、と、私も思った。この本の中で引かれている、一九四九年刊の小冊子『切り干しいもの作り方』には〈かわいたものはすぐたべてもよいが〉という前置きの後に〈いもの表面に白い粉をふかせるようにするには〉と、粉の吹かせかたが説明される。粉を吹いているほうが、おいしいのだ。

『ほしいも百年百話』を読了すれば、ほしいもに詳しくなったなあと我褒めしたくなる。そこで分かるのは、ほしいもはやはり地味な食べものである、ということだ。甘いものをそうやすやすと食べられなかった頃から、ほしいもそのものはそう変わっていないのに、世が移り、いろいろな食べものがあらわれて、ほしいもはその陰に隠れがちでもある。でも、変わっていない、それは、ほんとうだ。むやみに変えればいいというものではない、そんなことが、ほしいもを炙る短い時間に、ちらとよぎる。そんないっときを与えてくれる食べものに、寄り添っていたい。

まっさき・ちひろ（一九四二― ）茨城県那珂市出身。農協職員を経て、特定非営利活動法人有機農業推進協会理事長。『ほしいも百年百話』（二〇一〇年 茨城新聞社刊）は、さつまいもの歴史をたどり、ほしいもに夢中になった人々を追い、ほしいも生産日本一地域の社会背景を浮き彫りにし、次を目指して活動する人々を取材。

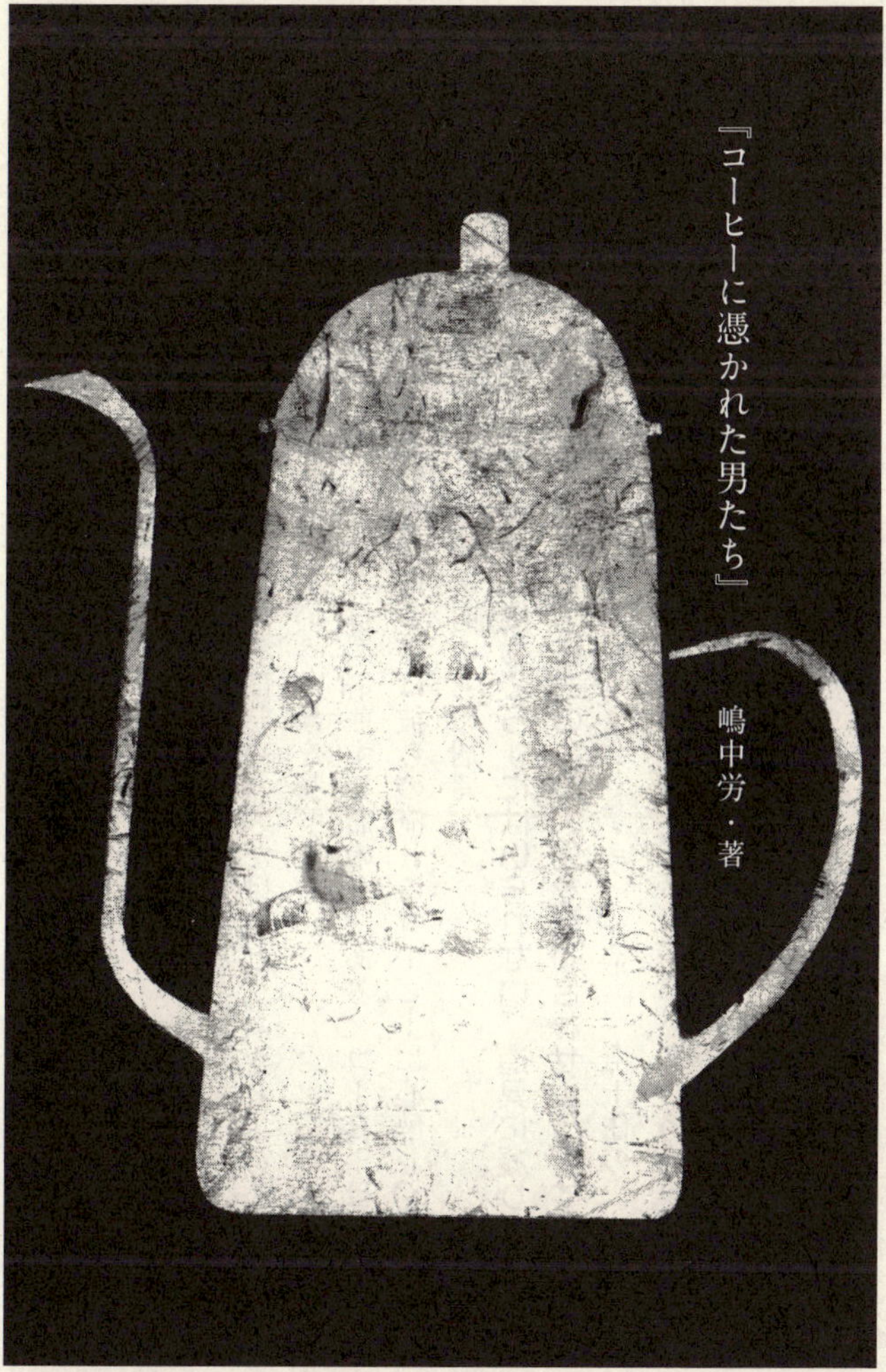
『コーヒーに憑かれた男たち』
嶋中労・著

三人の男たちのお話である。

もっとコーヒーに深入りしたくて読みはじめたのだけれど、コーヒーの香りよりも、男臭さが濃く匂い立ってくる本、という印象を持った。

三人の男たちは皆、コーヒー豆を自家焙煎する店の主である。コーヒーは、ドリップ式で淹れる。彼らの元で働き、あるいは彼らの淹れるコーヒーに心酔し、自家焙煎のコーヒー豆を商う人は、日本のあちこちに居る。

〈この男たちは律儀ゆえに、何ごとにも凝らずにはいられない。道具に凝り、焙煎に凝り、抽出に凝る。そして、コーヒーにおのれの人生を重ね合わせようとする〉彼らは〈御三家〉と紹介される。銀座に『カフェ・ド・ランブル』、南千住の『カフェ・バッハ』、吉祥寺には『もか』と、皆、東京に店を構えている。このうち『もか』はもうない。この本の文庫版あとがきにあるように、主が亡くなったのだ。私はその『もか』のコーヒーは飲んだことがなかった。

『バッハ』までは今の住処から歩いて十五分くらい、ということもあり、しばしば行く。さらには『バッハ』で修業をした人が青森で焙煎する豆を、盛岡にて喫茶店を営む友達が仕入れており、いきおいそこでも飲んでいる。

『ランブル』には十年以上前に行った。濃かったなあ、緊張させられる雰囲気だったなあ、というようにしか、記憶に残っていない、残念ながら。昔『ランブル』に通い詰め、『機屋』という自家焙煎のコーヒー店を、やはり盛岡にて営む関基尋さんに、去年、話を聞きに行った。『盛岡の喫茶店』という本にコラムを書くためだった。目標としているのは『ランブル』の味だという関さんは、その味を「どこまでも甘い。味が変わらない。飲んでいるあいだずうっと印象を裏切らない」と語った。

盛岡という、そんなに大きくもない街で『バッハ』と『ランブル』の色を帯びたコーヒーが飲める、というのも、不思議なことだ。〈コーヒーに憑かれた男たち〉の強い力を、その伝播力を、感じる。

『ランブル』は、焙煎する前に生のままで寝かせた豆、オールドビーンズを使う。寝かせる過程を経てコーヒーはおいしくなるという信念を持っているのだ。

〈オールドコーヒーを珍重するという一派は、きわめて日本的な嗜好性に支えられていて、むしろこの嗜好性そのものに研究価値がありそうな気もするのである〉とこの本には書かれている。コーヒーを飲む国だったらどこでも行われているやりかたではないのだ。

『バッハ』では〈「うまい・まずい」ではなくて「よい・わるい」で判断するコーヒー〉が追い求められている。〈1「欠点豆」がハンドピックによって取り除かれているもの　2煎りムラや芯残りのない「適正な焙煎」がほどこされたもの　3焙煎したての「新鮮」なもの／これらの条件を提示したのは、もちろん田口が最初というわけではない。焙煎を手がけたものなら、誰でも薄々は感じていたことだ。が、明快な言葉を用いて声高に唱道したのは、おそらく田口が最初だろう〉

田口、とは『バッハ』の主、田口護《まもる》だ。『バッハ』にて、馴染みのお客とお喋りをしている彼を見かけたことがある。迫力のあるおじいさん、という印象を持った。一九三八年生まれだそうだ。『もか』の標交紀《しめぎゆきとし》は一九四〇年生まれ、『ランブル』の関口一郎は一九一四年生まれだという。彼らの弟子の弟子も、そろそろ自分の店を持ち始める頃合いだろう。実際に、盛岡『機屋』の周りではそんな話も耳にする。

個人的な感想では『ランブル』調のコーヒーは、後味が素敵だ。店を出てからもずっと余韻を口中で転がせる。『バッハ』は、すっきりしている。確実に、気分をすかっとさせてくれるコーヒーだ。『もか』については、先述したとおり分からない。『もか』で働いていた人、影響を受けた人のコーヒーも、もしかしたらどこかで飲んでいるのかもしれないけれど。

『コーヒーに憑かれた男たち』を読むと、嶋中労は、ずいぶん『もか』に肩入れしている。自身を投影しているのかなあ、と思われるくらいに。『もか』の主は、『ランブル』のオールドビーンズ、『バッハ』の明解な論理、のような、その主張の輪郭がはっきり見えるようなスタイルは、持っていない。彼について繰り返し書かれるのは、コーヒーへの熱の入れようだ。三人のうちでは彼がいちばん〈コーヒーに憑かれ〉ているように、嶋中労の目には映ったにちがいない。

三軒の主のあいだに、それほど交わりはないようだ。敵対している、というわけでもないようだけれど、それぞれは自身のスタイルを固持して、誰かが口をさしはさむ隙のない様子で、まっすぐに我が道をゆく。あまりにも彼らのコーヒー道はまっすぐすぎる。そのせいで、コーヒーはややこしくなっているといってもいいかもしれない。

〈自家焙煎の世界は文字どおりの〝百家争鳴〟で、異説珍説が堂々とまかり通っている。コーヒーの味づくりに関して、ああでもないこうでもないと、これほど議論百出する国は他にあるまい。いや、絶対なる味というものがないからこそ、ああでもないこうでもないと言い合っているのだろう。それにミルクや砂糖を入れただけで怒鳴ら

れたり、二流以下の人間に見られたりする国も他に類がないだろう〉

この人の淹れるコーヒーはこれまでに飲んだことがないくらいおいしいわ、と、きわめてシンプルな感想を抱いて開けたはずのコーヒーの扉の向こうは、ずいぶんと、ごちゃついているのだ。コーヒーに深入りしようという気持ちが挫けそうになるくらい、混沌としている。煎った豆を挽いて、お湯を注ぐときに使う濾し器ひとつとっても、昔ながらのネルフィルターがいい、ペーパーフィルターがいい、などと、道が分かれる。分かれた道がその後交わることはない。例えば『バッハ』が使っているのは、紙のフィルターだ。そのわけはこう説明される。

〈取り扱いのやっかいなネルフィルターではなく、簡便なペーパーフィルターを推奨し、その普及のための旗振り役を進んで演じてきたのも、コーヒー人口の裾野を拡げたいがためだ。（中略）ネルドリップのすばらしさは重々承知したうえで、あえてネルと訣別したのである。そのことを知ってか知らずか、ネルこそが一番と信じているものたちは、ペーパー愛好家というだけで「こいつは二流……」と勝手に決めつけてしまう〉

最後の一文に、そうそう、と、うなずかされる。まっすぐな道をゆく者は、その他にも同じくらいまっすぐな道があることをよしとしない場合が多い。まっすぐな道しか見つめていないことが、彼らの視野を、了見を狭めるのか。

コーヒーの扉の向こうは〈「一グラム」であり「一℃」であり「一秒」〉に拘りたい人々が集う魔窟なのだ。扉を開けてみて、その差異への拘りが、おいしいコーヒーへと素直に向かっているのか、ただの妄執なのか、正直、私には判別できなくなっている。

この本のタイトルをつくづく眺めてみて、女はどこにいるのかな、と思う。女だってコーヒーに〈憑かれた〉っていいじゃないか。男の美学を投影したコーヒーがあるならば、女のコーヒーだってあって然るべきだ。

『コーヒーに憑かれた男たち』には『もか』の師匠ともいえる人についても仔細に描かれていて、彼の弟子には女性もひとりふたりいるとある。そのうちのひとりは、師匠に〈君は性格がおとなしいからプロにはなれんかもしれんな。それにあいにく女や……〉と言われたと回想する。言われた当時はぴんとこなかったけれど、年月を経てみて、女は全てを投げ打ってコーヒーに没頭できないと悟った、そんなように話したというのだ。

果たしてほんとうに、そうなのか？

また、『ランブル』では主の妹が長らくコーヒーを淹れていたという。〈コーヒーをたてる技術は兄を凌ぐといわれ、わざわざ竜子がたてる時間帯を見計らって来るファンもいた。関口は比較的ぬるめの湯を使うが、竜子は熱め好みで、たてたコーヒーは飲みくちがキリッと立っている。切れのいいコーヒーだった〉、そう褒められる彼女だが、兄のコーヒーについての知識を、聞きかじったままにお客に披露する様子が〈可愛らしくいじらしい〉とも評されている。

〈コーヒーに憑かれた男たち〉と関わる女たちは、誰かの弟子以上の何者かにはなれないようだ。いや、弟子にすらなれない場合だってある。『もか』の主はこう言っている。〈昔、ワイフがわたしにも焙煎を教えて、といったことがある。弟子たちには教えないけど女房になら教えてもいいかな、とそのときはおもった。でも、よくよく考えてやめにした。もし教えてしまったら、今日は朝から風邪ぎみで具合がわるいだとか、用事があって出かけるだとか、なんだかんだ言いわけをして、焙煎をワイフ任せにしてしまうだろう。自分にはとても弱い心があって、スキさえあれば、つい楽なほうへ楽なほうへとズルズルいってしまう。だから、いつも自分を逃げ場のない崖っぷちへ追い込んでる。そうしないと自分がだめになってしまうから……〉

たしかに『もか』の主のストイックな性向をあらわすエピソードではあり、そこから彼の淹れるコーヒーの味を想像もできるのだが、そこに登場する〈女房〉の姿のほうを、私は頭の中でふくらませて、彼女の心境に思いをやってしまう。〈コーヒーに憑かれた男たち〉は、コーヒーを男だけのものにしておきたいようだが、私は〈コーヒーに憑かれた〉女を探しに出かけてみたい、これから。

しまなか・ろう（一九五二―　）埼玉県川越市出身。出版社勤務、月刊誌編集長を経て、フリー・ジャーナリスト。『コーヒーに憑かれた男たち』（二〇〇八年 中公文庫）は、現役最高齢、銀座ランブルの関口一郎、業界きっての論客・南千住バッハの田口護、品格ある求道者、吉祥寺もかの標交紀という「御三家」の、コーヒーに賭ける情熱を描く。

『新宿駅最後の小さなお店ベルク
個人店が生き残るには?』

井野朋也・著

〈三年前のベルクを君は知らないだろう、あのころのベルクはもっと凄かった、などと伝説を残したところで、飲食店の場合、何の意味もありません。変わらぬ味、変わらぬサービスが私どもの使命ですから〉

すがすがしい言い切りだ。そして、まさにそのとおりだ。

『BERG（ベルク）』はどんな店かと訊ねられたら、いい店だよ、そう答えてから、次になんと説明するべきか少し困ってしまう。佇まいは全くといっていいほど気取っておらず、一見、なんでもないようでもある。タイトルにあるとおり、たしかに面積的には小さいのだが、とても広いようにも思える日もある。駅の中にあるのだが、店自体がひとつの駅みたいでもある。営業時間は朝七時から夜十一時までと、朝から晩まで開かれているところからも、そう思える。ビールも日本酒も、エスプレッソも、パンもソーセージもみな、くっきりした味がする。味が濃いというよりも、味の印象が濃い。テーブルと椅子、立ち飲み用のカウンターの、両方がある。『ベルク』ではなるべく、立ったままでいたい私だ。この、忙《せわ》しなくめまぐるしく人が行き交い、淀まない駅の空気がそのまま流れ込んでいる店では、カウンターにやや体を預けているくらいでいたほうがその雰囲気をより享受できる。

〈ベルクにいると、どんなイメージにもおさまらないというか、ベルクが何風というよりも、ここがどこだか、自分がどこの誰だかわからなくなるときがあります。あえていえば、コスモポリタン（世界市民）かな。ベルクにはそういうとらわれない雰囲気があります〉

店長ですら、そう書きあらわす店だ。きっちり一本の線を引いて、そこから外れたものは切り捨てていくような作りかたをしていないせいもある。そして、そもそも、店とは、主にも御しきれないもののはずなのだ。どんなお客が来るかは、予想はできたとしても、いつでもそのとおりとは約束されないものだからだ。空間の全てを思いのままに操りたい、そう夢想している人には、お店を営むことは実は向いていない。

この本には開店するまでのいきさつも書かれていて、それはもちろん興味深いものでもあるものの、やはり、十八年間『ベルク』という店を継続してきたその手腕についてが、読みどころだ。『新宿駅最後の小さなお店ベルク』は、店長も副店長も、店という生きものが最ものびのびと息ができるように、あれこれと考えこみ、かつ、くるくると動いてきた記録である。そうやって、真面目でいながら無邪気でもあり、ひとりの時間を守ってくれる店に育て上げた。

〈どんなにそうじをゆき届かせても、手入れのしようのない壁のシミとか、年季の入った床とか、そういう汚れや傷みが店にはあります。それらが、「うらぶれ」の要素になるか、「店の味」になるかも、多少の工夫と演出により決まるのです〉

お店というものは、その時々の状況に応じて、考えを巡らせて工夫して手をかけないと、あっさりとしぼんでしまう花だ。

少しずつ変わっているからこそ、変わらないようにみえるのだ。ずうっと変わらなくていいねえ、なんていう褒め言葉をもらうのはそうたやすいことじゃない、と、知る。前と違う、そういう小さな驚きは、喜びではなくて、前と同じだなあ、変わっていないなあ、という安心を得られない悲しみに結び付いてしまう場合だってある。

さりながら、このようなやりとりもあったという。

〈毎朝モーニングのメニューを見るたび、「変わりばえしねぇな」とため息をつく年配の男性客がいました。文句をいってるわりには毎日きてくれる。よくよくうかがうとそれはクレームではなく、照れ隠しでした。安い店でいつも同じもの（ベーコンのモーニング）を頼む自分が恥ずかしかったようなのです。そういうときこそ、さりげなくウンチクをたれるのです。「うちのベーコンは手作りでスモークにもこだわりがあって、毎日食べても飽きないんですよ」と。それからその方は、心なしか堂々とベーコンのモーニングを注文するようになりました〉

あなたは、毎朝同じものを食べるつまらない人ではない。おいしいから、毎朝食べたくなるのだ、当たり前なのだ。変わらなくていい。変えるほうがいい、偉いというものじゃないのだ。

この本のサブタイトルには〈個人店が生き残るには?〉とある。個人の強みとはなんだろう。決して、自由、ではない。個人の持つ力や裁量はいかにもちっぽけで、その無力さはすなわち、不自由、につながるからだ。

個人だから、シンプルな考えに基づいてお店を作ることができる。お客に、自分に、真面目に向かえる。

いの・ともや(一九六〇—)東京都新宿出身。早稲田大学社会科学部卒業後、塾講師を経て一九九〇年より、新宿駅ビル地下のビア&カフェ『ベルク』の経営者・店長。『新宿駅最後の小さなお店ベルク——個人店が生き残るには?』(二〇〇八年 ブルース・インターアクションズ刊)では、個人店の、チェーン店にはない創意工夫、経営術が明かされる。

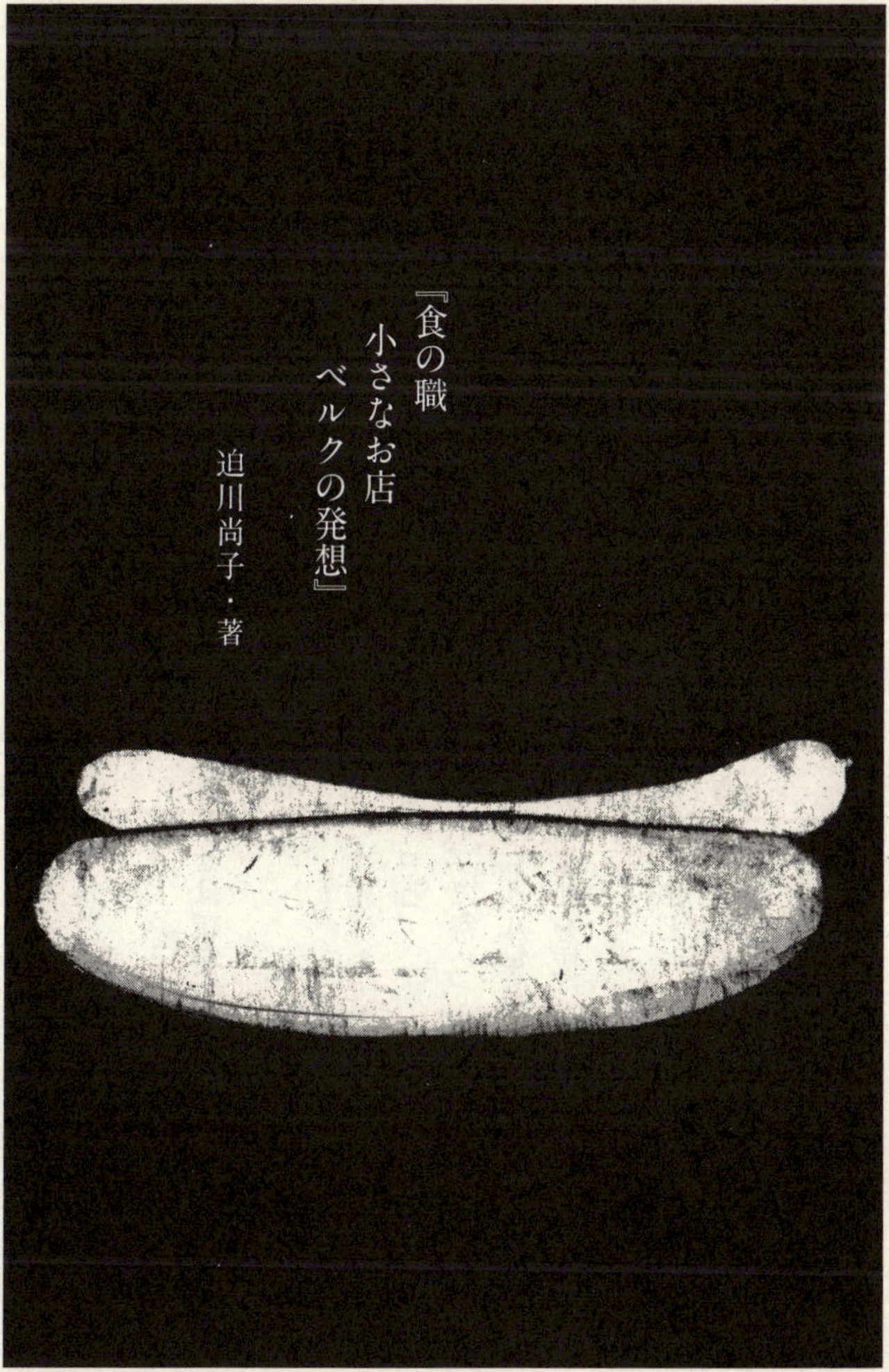
『食の職
小さなお店
ベルクの発想』
迫川尚子・著

朝早くおちあって遠出しようと決めて、待ち合わせは新宿駅、と言い交わした後、その人はひとり言のように呟いた。

新宿駅だったら『ベルク』でコーヒー飲みたいな。

返事をしなかったら、今度はこちらを向いて、こう続けた。

あ、あなたが行かなくても僕は飲んでから行こうっと。

その物言いにむっとして、私も必ずその『ベルク』に寄っていこうと決めた。それが『ベルク』に初めて入店するきっかけとなった。もう八年前の思い出だ。

『ベルク』は新宿の地下にある。JR新宿駅の東口改札を抜けてすぐのところにある。新宿という大きな街のことは、嫌いになったり好きになったりと落ち着かない目で見ているが『ベルク』に立ち寄れば、まあ、好きか嫌いかどちらかに決めつけなくていいか、と思い直せる。そうやって気持ちを立て直す余裕をくれる『ベルク』が、大好きだ。

『ベルク』では、カウンターに寄りかかりつつ、壁に飾られる写真や絵を眺める。

「ベルク通信」を読む。それらは月替わりだから、常に目新しい。ずうっと貼られている「三つのパン屋さんの話」も飽きずに読む。二〇〇〇年四月号の「ベルク通信」に載せたものだという。『ベルク』のパン職人について、店長である井野朋也さんが書いた文章だ。〈生活のため、ベルクのため、パンのためにパンを焼いている〉と紹介される「峰屋」の主自身も、「ベルク」にパンを配達するとき、折にふれてこの文章を読み返すそうだ。

『食の職』は、そのコーヒー、パン、パンにはさまれるソーセージやベーコンを作る職人たちへのインタビューが柱となっている本だ。その柱に支えられる店のこと、店に立ちながら考えたことを、副店長である迫川尚子さんが綴った中で〈ゆらぎ〉なる言葉が目にとまる。

〈「エッセン」は野菜のカットの大きさも決まっています。でも、工業製品のようにきっちりしすぎてもダメ。ある程度の勢いとゆらぎがないと。スタッフには感覚的に（五感で）覚えてもらうしかない〉

〈ジャンクな味って、白砂糖も化学調味料もそうですが、硬いですよね。標本にされた蝶みたい。いちばんきれいなところをぴたっと止められてる感じ。それはそれで魅惑的ではあるのです。でも生きた蝶のように翅を閉じたり羽ばたいたりはしません。

味にゆらぎがない〉

八年間、『ベルク』に足を運ばなかった季節はない。なにかしら新宿に用事を見つけてはその度に立ち寄る。そんな私は要らぬ心配をしてしまう。『ベルク』に行ったことのない人は、この本を読んでこの店の味や雰囲気をどれくらい分かってくれるかと。しかしそれは杞憂かもしれない。『ベルク』は、おいしくて安価で、冷たくない、というところを真摯に大事にしてきた店だ。冷たくない、それは、むやみにべったりすることではなく、その時々によってほのぼのと〈ゆらぎ〉がある、ということだったのかと、この本を読んで知る。

そういうところをちゃんと書き出す人がとりしきる店ならば信頼に足る、と、これまで『ベルク』を訪れる機会がなかったとしても、思ってもらえるだろうか。

職人たちへのインタビューは「お店」や「食べもの」を越えて「仕事とは」を考えるのにとても役立つページでもある。職人が『ベルク』を信用しているからこそ引き出された言葉が山盛りになっている。言葉が整えられすぎていないのもいい。きれいにまとめられていない代わりに、彼らの実感に直に接することができる。職人たちの言葉を追えば、共通しているところがあるのに気が付く。大胆さ、熱の入れようなどはもちろんそうなのだが、ちゃんと自分の作るものを食べているということだ。試食を本気でやるのだ。口中のみで味わって、吐き出せばいいと言われてもそれを拒む。〈のどごしまでいかなくちゃ、試食はダメだよ〉と言ったのは千葉の『マイスター東金屋』の主でソーセージ職人の河野仲友さんだった。

その『東金屋』は三代続く肉屋だという。正しくは「だった」。その歴史をなぞっていくとこんなエピソードが引き出される。生肉を扱うのをやめて、手をかけたソーセージやハムのみを商う店に変わったきっかけだ。

〈河野：うちは最初が肉屋だから肉といっしょに並べてたでしょ？　そしたら、どうせ古くなった肉をソーセージにしちゃうんでしょ？　って客に言われたから、それで、ふざけんな！　って頭きて。

迫川：その一言で？

河野：うん。〉

読んでいるこちらも、へええ、と、感心し、そして胸がすっとする。怒る、悲しむ。そういう、負の感情が、食べものをおいしくするために働きもするのだ。噛むと弾けるあのソーセージはこんな河野さんの負けん気、いや、矜持から出来ているのだ。

河野さんがソーセージを作りはじめたのは、千葉に昔あったハム屋の味を思い出してのことだ。

〈子どものころ食べてた味を舌が覚えてて、それを再現したかったんですよ。ユキエハムはもうないんだから。いちばん最初に思ったのは、「美味しいソーセージが食べたいね」っていうことだから〉

職人としてどこまでも真摯で、そしてシンプルな、初めの一歩だ。ややこしく考えていても仕方ないと思うとき、この本を読み返したいし、そして「ベルク」に向かいたい。

さこかわ・なおこ　種子島出身。写真家。ベルク副店長。一九九〇年からベルクの共同経営に参加。商品開発や人事を担当。日本外国特派員協会会員。『食の職　小さなお店ベルクの発想』（二〇一〇年　ブルース・インターアクションズ刊）は、立ち退きに一万人以上が反対した新宿駅ビル地下の小さなお店の副店長が、社員と職人とともに書き下ろした一冊。

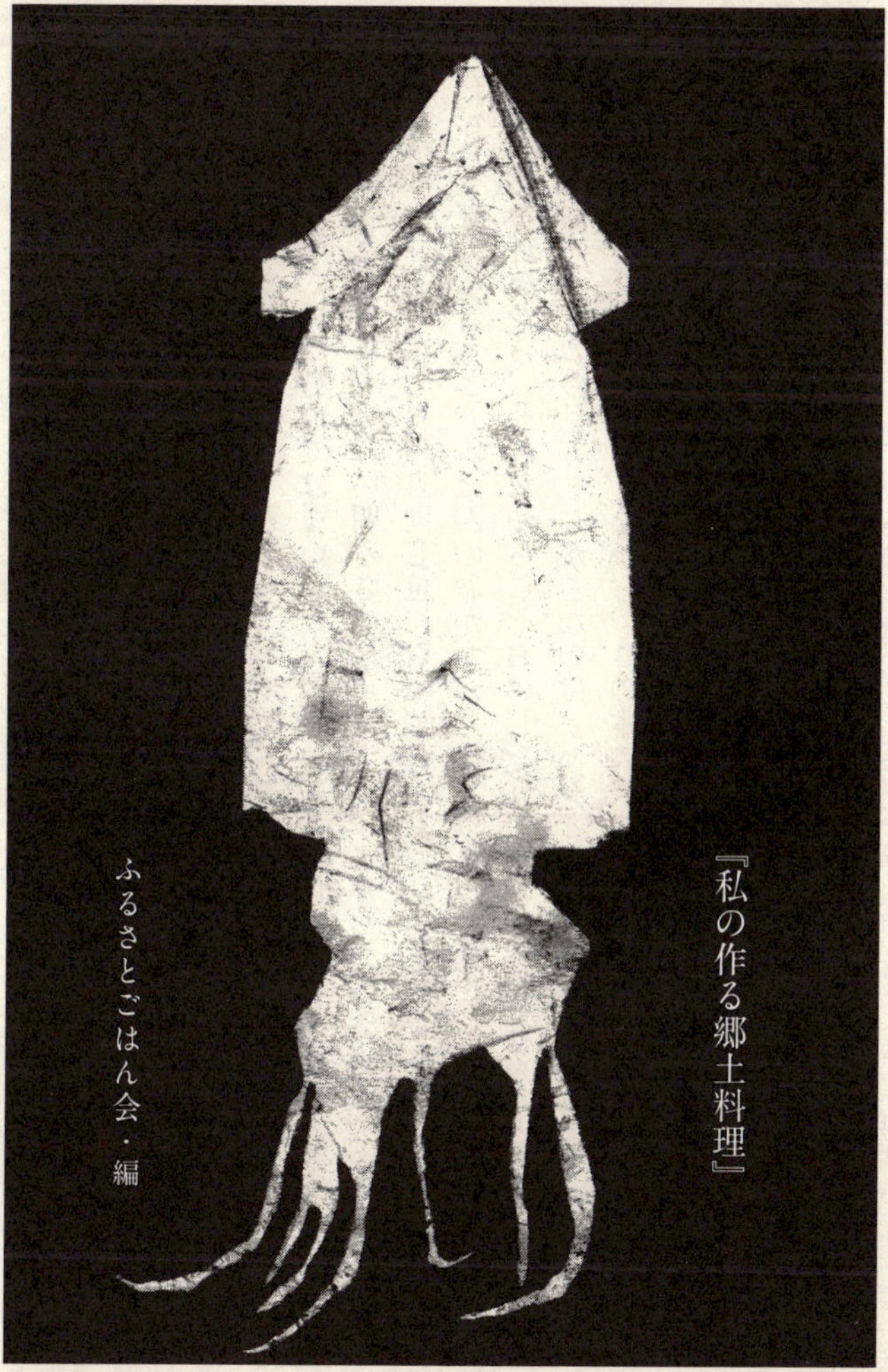
『私の作る郷土料理』
ふるさとごはん会・編

二〇〇六年に刊行された『私の作る郷土料理』が、古本屋でよく見ていた少し昔の郷土料理の本と決定的に違ったのは、写真が綺麗、ということだった。撮影されるためだけに用意された料理ではないようだったハレの日にこしらえるごちそう、ふだんのおかず、どちらにも等しい明るさのスポットライトが当たっている。そうやって照らされると、どちらの料理も同じ位に真摯に作られていると分かる。ハレのごちそうの彩りを愛でることと、ふだんのおかずが、飾り気も少なめに、どうにも茶色系統に寄った見た目ながら、それだからこそおいしそうだなとそそられることとは、矛盾しない。そういうものの見方をしがちなのは、ハレとケのめりはりをつけない暮らしをしているせいだろうか。さりながら、この本の表紙を飾っている、福島県会津若松市の汁物「ざくざく」は〈昔は大晦日の年越しの祝いに作って食べるものだったそう。今は季節を問わず作る〉とある。

『私の作る郷土料理』には、五十品の料理が紹介されている。郷土料理が作られる台所の写真もふんだんに載っている。作りかたも順を追って記される。それをみると、土地に伝わる特別な道具が必要なものは、なかった。要《かなめ》は材料なのだ。「郷土」と結びついた材料が、ひと品ひと品を、よその土地では作られない特別なものにしている。先程ふれた「ざくざく」は、するめを細かく切り、それで出汁をとりつつ、一緒に煮た根菜やこんにゃくなどとあわせて食べる。なぜするめかというと〈海から遠い会津地方では昔、魚といえば、身欠きにしん、棒だらなど乾物に限られた〉ためだ。

沢山とれるから作られる、そういうまっすぐで明るい料理がある。暮らしている土地ではふんだんに手に入るもので作るのだったら、あれと一緒に煮てみよう、これをかけてみよう、などと、どんどんおかずの幅は広がっていく。沢山あるから、食べたい、というよりも、食べなきゃ、という必要も起こる。飽き飽きもするだろう。しかし、そうやすやすとは揺るがない愛着も刻みこまれるだろう。

私の「郷土」である栃木の南のほうは干瓢の栽培地である上に、家業が干瓢問屋だったという、生粋の干瓢育ちで、子どもの頃には、干瓢の卵とじをよく食べた。澄まし汁の中に干瓢と卵を落としたものだ。よその土地で生まれ育った人で、これを知る人にはそう会いはしない。目を見張るほどのおいしさもない品だが、干瓢は酢飯と仲良くするのみでなく、汁物にもなれるという自由を知っていることが、少しばかり誇らしい。

一方で、とれない、届かない、だから作られる、そういう料理だって数多ある。おかな

皿の上に明解な豊かさはあらわれない代わりに、そこで暮らす人の意地がくっきり浮かび上がる。いろいろなものが入ってこなかったから、閉じているからこそ作られ、守られる味もあるのだ。

閉じているからこそ作られ、守られるということは、郷土料理そのものの特性とイコールだ。

そこにあるもので作る。

それを繰り返し繰り返し作り、食べ続ける。

そのふたつが揃わないうちに、これは郷土料理だと言いはじめるのは性急に過ぎる。

それでいながら、かっちりとした型にはおさまりきらないのが、郷土料理だ。

度々「ざくざく」から引くと、作りかたをたどる文章には〈私は全部、大きめに切るけんど、孫のおっかさんは薄切り。その人その人の切り方があるんだ〉という台詞があらわれる。

あるいは、岡山県御津郡建部町の「ばらずし」についてはこう言い切っている。

〈十人いたら十人違う。そりゃ自分で作った好みのが、一番おいしい〉

しゃちほこばった決めごとでしばりつけると、料理は死んでしまうのか。揺らぎを内包してこそ郷土料理なのか、懐が深い、ということなのか。

読んでいる私の「郷土」の料理はこの本には登場しない。地理的には離れていても近しく思える料理もあれば、よその国の食べものだなあ、と、遠いものとして見える料理もある。

富山の「昆布じめ」はつくづく遠い。昆布はどうにも目に明るい色ではないが、海の近くのぱあっと華やかな食べものとして、私の目には映る。内陸でしか暮らしたことのない私の日常の風景にあらわれない華やかさだ。魚や肉だけでなく、きのこやアスパラガスまでも昆布でしめるなんて、全く遠い国のお話だ。しめた後の昆布は冷凍庫にしまわれ、出汁をとる、あるいは炒め物やふりかけにされる、という。材料をすっかりきれいに使い切る、それも郷土料理の身上かもしれない。

この本の最後の〈おわりに〉と題された文章が、こう始まるのが気にかかる。

〈郷土料理といっても、全国各地でご相伴にあずかってきたのは、どれも、ふつうの家庭のおかあさん、おばあちゃんが作り続けてきたふるさとの味〉

この一文には、違和感を持った。

郷土料理とは〈ふつうの家庭のおかあさん、おばあちゃんが作り続けてきたふるさとの味〉のことに間違いないだろう。〈といっても〉などと、いったん否定する必要があるのか。なんとなく、郷土料理とは〈ふつう〉ではいけない、という思い込みが透けてみえるような、ここまでせっかく〈ふつう〉のあちこちの土地の料理を紹介してきたのにもったいないような、それは私の勘ぐり過ぎか。

『私のつくる郷土料理』ふるさとごはん会編（二〇〇六年　マガジンハウス刊）おにぎり、温麺、がんづき、おせち、絵巻きずし、冷や汁……。その土地独特の料理法で作られてきた五十品の郷土料理を、レシピとともに紹介。雑誌『クウネル』で紹介した記事に、加筆・修正を加えて再編集した一冊。

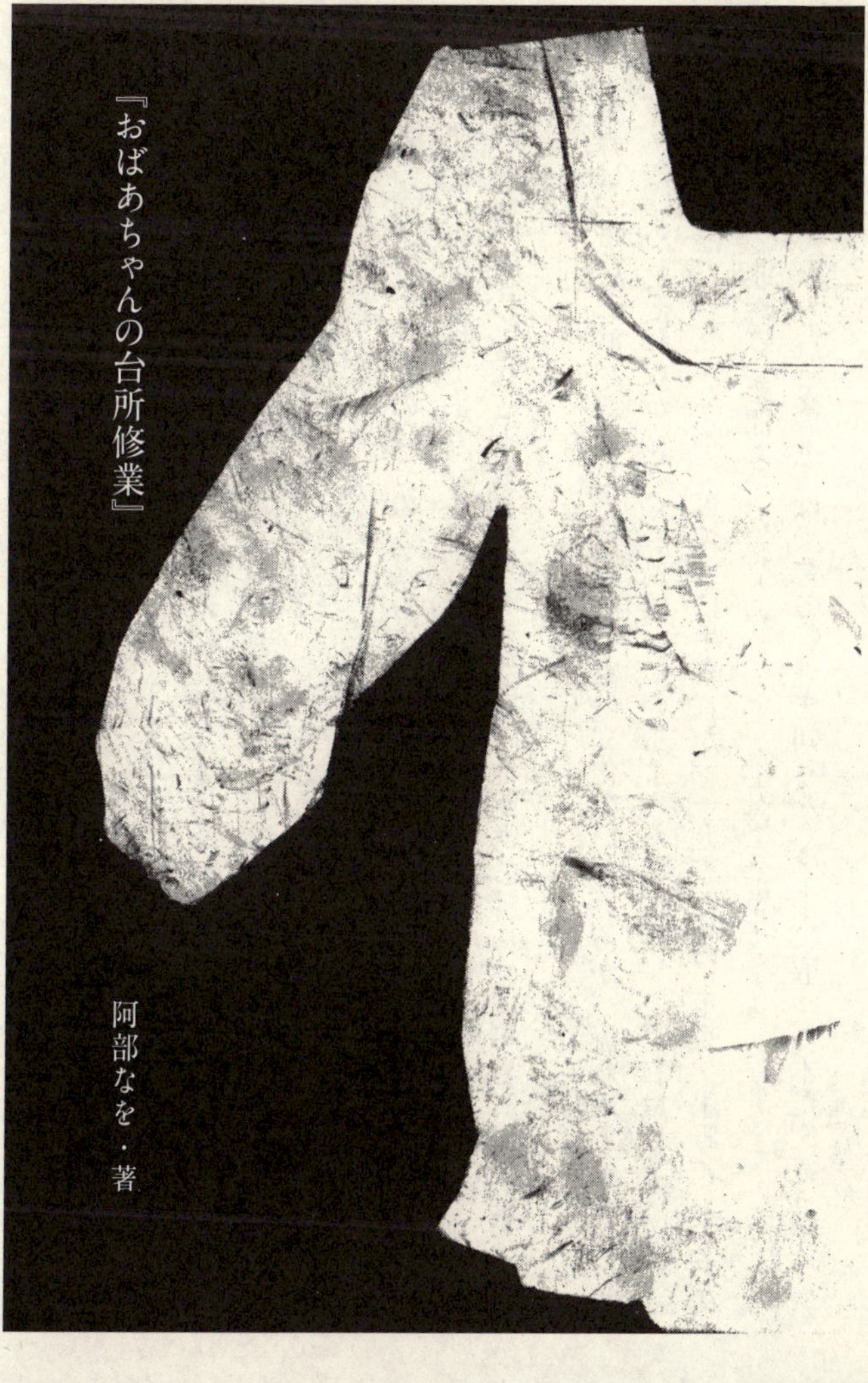
『おばあちゃんの台所修業』
阿部なを・著

そこを歩いてみる以前から、青森には特別な感情を持っていた。京都に住んでいた時分に好きだった人は青森の生まれで、だから、とてもいいところに思えた。それまで全く青森とは縁がなかった。だから、青森を思うことはその人を思うことと一緒だった。

青森に初めて行ったのはその人ともあまり会わなくなってからだったが、まっすぐに、肌合いのいい街であり、土地だと思えた。知り合いがいようがいまいが、肌合いがいいように感じられる土地と、そうでない土地がある。あくまでも、感覚的な話である。

青森は、魚とお酒がおいしく、日本の東の文化のいろいろが、流れ着き、長旅の末に粉々になったそれらがぐるぐる渦巻いているような土地だ、と、私は思う。

阿部なをは、一九一一年に青森市に生まれた。一九五九年に東京・上野に〈みちのく料理の店『北畔《ほくはん》』〉を開き、女将となった。八五歳まで生きた。

『おばあちゃんの台所修業』は、昔の料理を知りたくて手に取った本だ。そういう気持ちをもって本を開くといつも、ただの昔の料理というものはないのだと気付かされる。阿部なをが書くのは、彼女の芯となっているのは「青森の」昔の料理なのである。

魚市場で育ったという彼女だけに、魚にふれたくだりは読みどころだ。

〈鮮度を保つために、昔から山越えをする時は醤油で洗った魚を持っていく工夫があったとか。母はひらめやすずきなど刺身用の生魚は、醤油洗いをして昆布に包んで持ってきてくれたのです。そのおいしかったこと。また、いかは醤油樽に一杯ずつまるのまま入れて持ってきてくれ、はじめは焼いて食べもしましたが、そのうちにいかのうろもまぜて塩辛にするようになりました〉

福井・小浜から京都へ鯖を運ぶ、あの鯖街道では、塩をした、と聞いた。こちらは醤油か、東と西の違い。

幼い頃にさかのぼればこんな風景もみえる。

〈仲買の人たちが包丁さばきもあざやかに帰ったあと、皿とスプーンを持ってまぐろの骨から身をそぎとり、山芋をかけて食べたものです。（中略）そういう育ち方をしていたので、魚の保存法なぞ知らなかったのです。いかの風干しや小魚の干もののおいしさも知りませんでした〉

知らなかった、と、はっきり言い切る。それだから、阿部なをのことを信頼してもいいように思える。知ったかぶりの昔話は、聞きたくない。

また〈味噌から始まり味噌に終わるのが、日本料理の素朴なみちすじのように思われるのです〉と阿部なをは書く。お猪口に似た形の器を使って作る焼き味噌のことなど、とてもおいしそうに書かれている。とはいえ、彼女はここでも、味噌にたいそう明るいわけではない、とも、書く。

〈味噌のことをいろいろと申しましたが、実は味噌の種類をそれほど知らないのです。内輪の味噌ばかり食べていたので、意見をいえないというのが本当のところなのです。実家でも婚家でも「津軽三年味噌」を食べていました〉

〈内輪の味噌〉という存在が厳然とあった、ということを、うらやましいと思う。いろいろなものを食べて育ったから味が分かる、というものではないと私は考えているからだ。同じ味付け、決まった献立を食べ続けて、それから知らない味を口にしたとき、違うな、という感想を抱くだろう。ひとつの味がよくよく刻み込まれているから、それとは違う、と分かるのだ。どういう風に違うだろう、と思いを巡らせはじめたときに、味を探検する道が開ける。

〈今まで気づかずにいた古い伝統をもつ旧家の味噌の数々にも、素直に立ち向かえることは年の功かと感謝しております〉

そう、〈素直に立ち向かえる〉ようになってから、使い始めればいいはずなのだ。だから阿部なをがこの一文のすぐ前で書いている〈赤味噌、中味噌、白味噌と揃えておられたら上々ではないでしょうか〉というのは、素朴な実感から出た言葉ではなく、料理研究家としての建前か、と、ひねくれて読んでしまう。

昔の料理にはこうあってほしい、という幻想を、私は胸中に大事にあたためすぎなのかもしれない。

どっしりしていてほしい。

芯が通っていてほしい。

偉そうにしないでほしい。

昔はよかった、という話は素直に聞くから、今はよくない嘆かわしい、と、簡単に言わないでほしい。昔を知っているあなたが、今を諦めてしまったら、昔を知らない私は、一体どうしたらいいのか。

〈今のように食料が豊富ならば何も工夫しなかったと思います。無から有を生ずることが、生きている実感をわかせました。豆腐が楽に買えたら、豆をすったりしなかったでしょう〉

阿部なをがそう書いたのを読むと、たしかに〈食料が豊富〉な今の世界に暮らすこちらは、突き放されたような心持ちになってしまう。そして、少し後から、では今、どう工夫してやろうか、という負けん気が、湧いてくる。

あべ・なを（一九一一―九六）料理研究家・随筆家。青森県出身。女学校卒業後、堀柳女に師事し、人形作家となる。洋画家・阿部合成と結婚したがその後離婚。一九五九年、東京上野にみちのく郷土料理『北畔』を開く。料理研究家の草分けとして、NHK「きょうの料理」などで活躍。『おばあちゃんの台所修業』は、一九八五年鎌倉書房刊。中公文庫に収録。

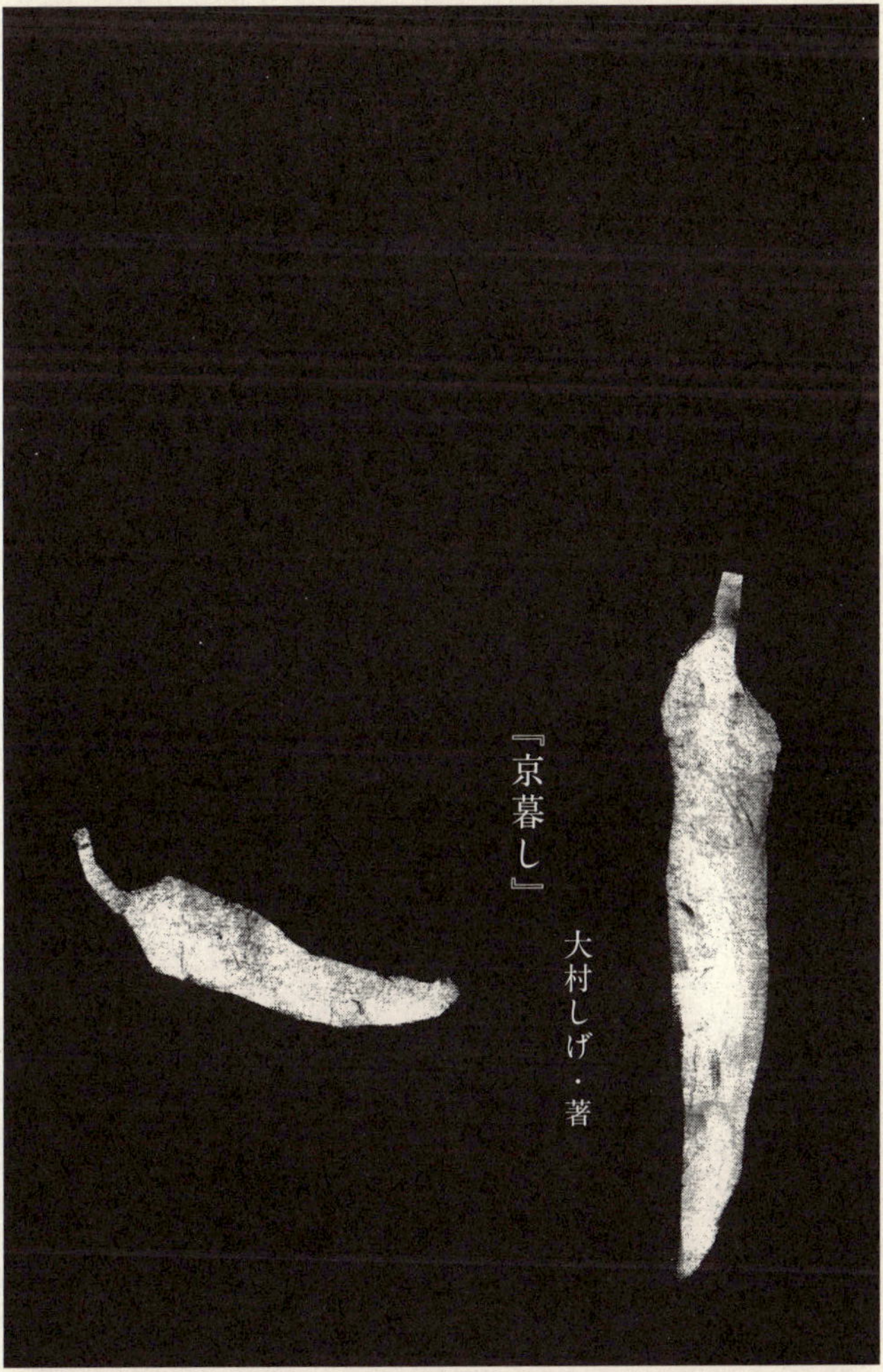
『京暮し』
大村しげ・著

京都に住んでいた頃、街なかの路地に、ある町家があった。ぴりっとする雰囲気が漂っていたその前を、用もないのに通りがかっていたものだった。

ぴりっとする、といっても、もちろん静電気みたいな嫌な感触ではなくて、薬味みたいな、ぴりっ、である。

大通りの喧噪に足を踏み出す前に、そこを通るのは必要、とさえ思える日もあった。大村しげさんの家やで、とは、同じ学校の誰か、たしか後輩に知らされたのだったかな。しかし私は、へえー、と相槌を打つのみで、漠然と、京都らしさを体現している、有名なおばあさん、としか知らなかったし、それ以上を後輩にも訊ねはしなかった。

大村しげは一九一八年に生まれた。祇園の仕出し屋のひとりっことして育った。三十歳を過ぎてから随筆を発表しはじめ「おばんざい」という言葉にあらためて光を当てた人だった、という。

『京暮し』は一九八〇年代に書かれたエッセイ集で、季節をなぞる生活の知恵が詰めこまれた本だ。目次をみれば食べものについての項がとても多い。全て、文章は口語体だ。京都の言葉で書かれている。

例えば、大村しげ自身が〈千鳥漬〉と名付けた干し大根の漬け物の出来上がりについては、こう書かれる。

〈そのうち、ジをすっくり吸うてしもうて、おだいもおこぶも大きいのびきってしまうと、それは、たいたようにやわらこうなって、だれも漬けただけとは信じはらんぐらいである〉

文字にされた方言を黙って読むのは、基本的には好かない。耳に生きている音が届かなければ、そのよさは分かりづらいからだ。自分に縁のない土地の言葉だったら、突き放されたようにも思えるし、反対によく知っていたらいたで、べたついたものとして読めてしまう。

しかし『京暮し』は気持ちよく、するすると読み進められた。言葉のルーツは北関東に持ちながら、京都の言葉をよく聞き知っている私だからかなあとも納得しかけたが、いや、そうでもない気がする。

おっとりした印象を与える言葉を数多使いながら、文章そのものにはなかなかの疾走感がある。歯切れもいい。それは現実に話されている京都の言葉そのものと一緒だなあ、と思う。そこでなるほど、気が付いた。

私が苦手としていたのは「」でくくられた台詞のみが方言で、地の文はそうでない、という文章なのだ。それだと、台詞と地の文とをいったりきたりするあいだに段差があるようで、いちいちまたぐのがまだるっこしい。そのせいでだんだん行き来がつらくもなってくる。

大村しげの文章は、徹頭徹尾、ほんものの京都の女言葉で書かれていて、だからなめらかに読めるのだ。白々しさがないのだ。

京都の言葉の個性のひとつに、ものの名前に「お」や「さん」を付けるというのがある。京都の人と話していて思うに、大事に扱いたいものに付けているようだ。

〈おとうふにも、おこんにゃくにも、おみそをぬっていただくと、ちょうどでんがくみたいで、おみそには、ごまがよう合う〉

これは、京都の人の、大村しげの言葉の上だから、品よく、愛らしく聞こえる。他の土地の者が真似したら、その土地の言葉の中にそれを混ぜたら、嫌味にしか聞こえない。

その土地の方言は、一部だけを切り取って使ってはいけない。元あった魅力はすでに、切り取られたときに、死んでいる。

〈いかき〉＝ざる、〈せんど〉＝幾度も、と、頭の中で翻訳できても、意味のつかめない言葉も出てくる。〈おぞよ〉〈ぼっとり〉など。なんとなくは分かるようで、でもその解釈に完全なる自信は持てない。が、しつこく調べてみるよりも読み心地を優先して、先へ進む。そういう読みかたをしたくなるところは、民話に似ている。

読み終えて、果たして私はほんとうに八年間も京都に暮らしていたのか、あやしくなってくる。

白味噌の雑煮は、学校の先輩の、嵯峨の実家で一度食べさせてもらったきりである。おいしい、とは思えず、耐えるように食べ切った。

京都のやりかたで作れるおかずは「満願寺唐辛子の網焼き」のみである。

大村しげ宅の前をしばしば通っていた時分、私はコーヒーとお酒とパンに夢中になっていて、おばんざいのことなど顧みなかった。彼女とは全く違う暮らしをしていた。共通していることといえば、女のひとり暮らしであった、ということだけのようだ。

自分が住んだことのある街の話でなく、どこかよその国のことのようにさえ、読めてしまう項もある。もし京都生活のあいだに読んでいても、やっぱりそういう感想をもっていただろう。

大村しげの書いた京都に、できれば住んでみたい、今になって思う。京都に、大村しげに深入りするつもりなどなかった頃の私は、伝統をふりまわす厳格なおばあさんだから書くものもきっとお説教臭いはず、そう勝手に思いこんでいた。『京暮し』を読めば、たしかに、かちっと〈京のおんな〉の模範像というものを示しつつ、ところどころに、とらわれない自由さも垣間見えて、そこから彼女に興味がわく。

〈物もので、おうどんは、塗りのおはしでなんぞ、とてもすべってたべにくい。これはもう割りばしにこしたことはのうて、百本が束になっている安物を、がさっとはし立てにさしておく〉なんて、ずいぶんあっけらかんとしている。

あるいは〈いもぼう〉は一日と十五日に炊く、という話を〈月の初めと中ほどに暮らしに区切りをつけていくのは、気分もしゃんと改まるけれど、一人暮らしのわたしは、このごろは、気が向いたときにたいて、気ままにしている〉と、すいっとしめくくる。

こういう、からっとした余地を残しておいてくれるから、ひねくれもののこちらとしても、素直に言うことを聞いてみようかという気にもなれる。

大村しげは、ひとり暮らしが長かったそうだ。生涯、結婚もせず、子も成さなかった、という。そのことが彼女の書く「食」にどのような陰影を与えているのか、読み返しながら考えたい。

おおむら・しげ（一九一八―一九九九）料理研究家・随筆家。京都府出身。新聞・雑誌等での執筆活動を経て、一九六四年に朝日新聞京都版にて、秋山十三子、平山千鶴らと「おばんざい」を連載開始。『京暮し』（一九八七年　暮しの手帖社刊、新装版二〇一〇年刊）は、京都の春夏秋冬の暮らしや、日常の出来事を書いたエッセイ。

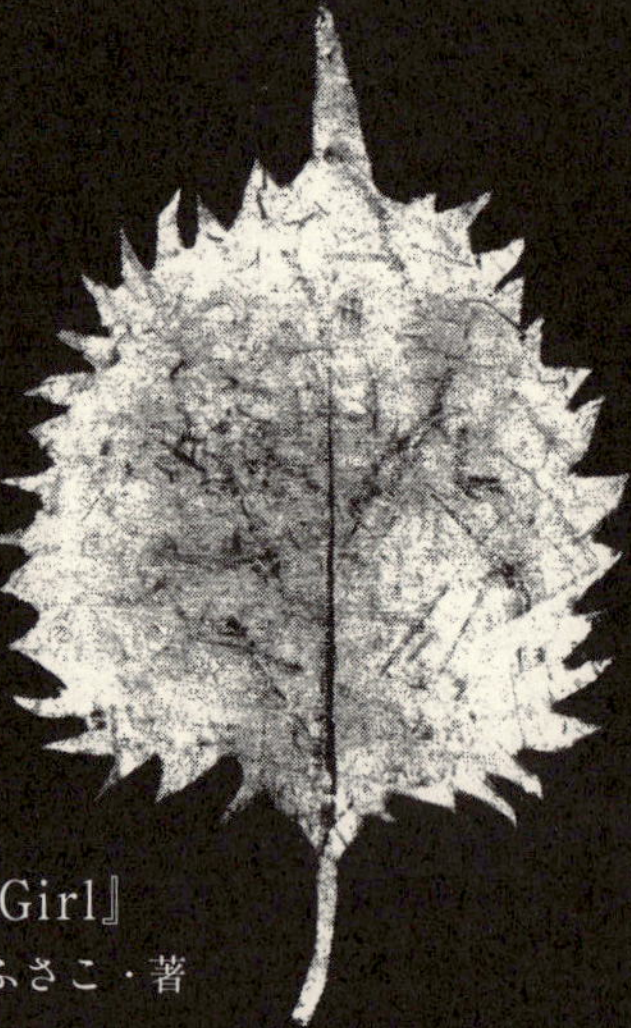

『A-Girl』

くらもちふさこ・著

高校生たちを描いた漫画は、彼らと同じ年齢に達するまでも、そして通りすぎてからも、よく読んでいる。

この頃は、読みながら要らぬ心配が頭をよぎるようになってしまった。放課後、まっすぐ家に帰らず、部活やアルバイトや予備校などに向かうわけでもなく、同級生同士で連れ立ってとりとめのないお喋りをいつまでもしている場面が続くと、君ら晩ごはんの支度の手伝いはしないのかい、と、気をもんでしまう。まあ、漫画だから、コマの外ではもしかしたらしているのかもしれないが、十代の後半に基本的なごはんの作りかたをなぞっておくほうが、その後の人生サバイバルの役に立つにちがいないのだ。

一九八四年に描かれた漫画『A-Girl《エー・ガール》』は、高校生たちのお話ではあるものの、登場人物の誰もが、お喋りで紛らすべき子どもっぽい退屈をちっとも抱えていない。

主人公であるマリ子は「少女小説家」の姉とふたり暮らしをしている。高校に通いながら、日々の家事の全てをマリ子はこなす。そこには気負いや暗さは見えない。美人姉妹、と紹介される彼女らはたしかにそのとおり見目麗しく、各々とてもお洒落に描かれている。

お話の舞台はおそらく、東京。マリ子と姉の住むアパートには大家さんの息子「夏目君」もひとり暮らしをしている。夏目君はマリ子と同級生で、駅前に貼られる大きな大きなポスターに使われるような売れっ子のモデルでもある。彼が表紙を飾る、十代の女の子のほとんどが読んでいると思しき雑誌に、マリ子の姉は『センセ愛してる』という小説を連載中だ。マリ子の彼氏は、学祭でステージに立てばきゃあきゃあ嬌声を浴びる、バンドのフロントマンをつとめる五島君、という、これも同級生だ。一九八〇年代に目一杯きらきらしていた職業や物事が、これでもかという程に『A-Girl』にはちりばめられている。

さりながら、お話を先へ進めてゆく力となるのは、服や音楽や小説ではなくて、マリ子の作る料理である。一九八〇年代にスポットライトが当たっていたはずはない類の料理を、彼女はまじめに、軽やかに、こしらえる。

〈塩味がちょーどいい　シソもいい〉ピラフ、アメリカ国旗をご飯の上に描いたお弁当。生クリームの銘柄次第のシュークリーム、ケーキ。〈ちょっと特別なのよ〉そう自負している八宝菜に〈ごめんね　あまりだせるものない〉とことわりながらいそいそよそる炊きこみごはん。
十七、八歳にしては素晴らしく地に足の着いたごはんを作る女の子なのである。
そのマリ子は、夏目君の部屋を初めて訪問したとき、彼がファストフードばかり食べていると、気がつく。本来、モデル業はそんなことではやっていけないはずではないか。読んでいるこちらは、そう小さく思いもする。マリ子もそう考えたはずで、冷蔵庫のありあわせのもので、彼にピラフを作る。夏目君は、実に喜んで、それを食べる。

そして、それからしばらくのちに、うれしい言葉をくれるのだ。

〈シソのピラフ作ってくれた時サ　おぼえてるかなァ　マリ子さん　こーいったんだ「なにか　食べるもの　つくってもいい？」　ふつーはさ「つくったげる」っていわない？　無意識にしろ　そーでないにしろ　あんなにへりくだってて恩着せがましくないことばがサラリと出るなんて　ホントセンスいい人だと思った〉

初めて『A-Girl』を読んだのは「別冊マーガレット」に連載されていた最中だった。友達の家にて、そのお姉さんが買ってきたのをめくっていたように覚えている。私は九歳だった。そう、先に引いた台詞がある回だった。

〈つくったげる〉などと軽々しく男の子に向かって口にしたら、こんな風に、なんと凡庸な女の子かと見くびられるのだと、幼い私はおびえた。実にそれから十数年は、この台詞にぎっちり縛られていた。いつからか、どの出来事をきっかけにしてかはもう失念したが、あえて〈つくってあげる〉と言ってやれ、と、決めた。

〈つくってもいい?〉と〈つくったげる〉それぞれの言いかたを、果たしてどれほどの男の子が聞き分けて、そしてどういう風な感想を持つのかは分からない。分からないが、とにかく今では〈つくったげる〉くらいの押し付けがましさならかえって可愛らしいのではないか、などと考えるようになってしまった。夏目君からしたらそんな思惑はずいぶんと図々しいものだろう。年をとるイコール図々しくなることであるから仕方ない。まだ、夏目君には分かるまい。

マリ子がにっこり差し出す、いかにもおいしそうなお弁当やお菓子を、五島君は喜ばない、受け取らない。じゃけんに、振り払う。だからマリ子は、五島君との付き合いに疲れていく。

しかしマリ子は、五島君に対しては〈つくったげる〉という気持ちでもってごはんをこしらえていたようではある。五島君は、マリ子の料理そのものではなくて、料理の上に振りかけられたその気持ちをこそ、うっとおしがってはねのけずにはいられなかったのだ、彼の子どもっぽさが、そうさせたのだ。

その五島君も、夏目君も、マリ子の容姿をいつも、誉めそやす。見た目を誉められてうれしくないはずはないけれど、それよりも、自分が手間暇かけてこしらえたものを誉めて欲しいときがある。

マリ子が、肩を抱かれるのと同じくらい、キスするのともしかしたら同じくらいに、ごはんをおいしく食べてもらえることを喜ぶのだと、夏目君は知っている。だからマリ子は、夏目君のほうへほうへと、惹かれていく。

お話も終盤にさしかかったところ、ある暴力的な場面で、夏目君は、マリ子をかばって言う。

〈あとにしろよ　彼女　食事大事にする子なんだから〉


くらもち・ふさこ（一九五五―　）漫画家。一九七二年『メガネちゃんのひとりごと』が別冊マーガレットまんがスクール金賞を受賞、『別冊マーガレット』に掲載されてデビュー。少女たちのリアルな心理を描く少女漫画家の先駆的存在。一九九六年『天然コケッコー』で講談社漫画賞を受賞。『A-Girl』は一九八五年、集英社刊。

『あんこの本』

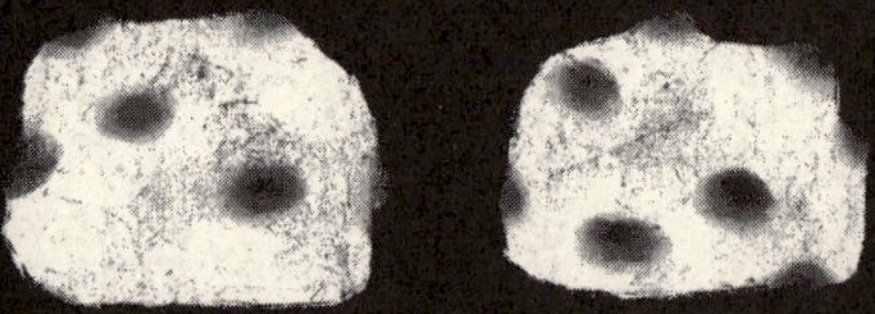

姜尚美・著

あんこを好きになったのはいつだかは分からない。最初に食べたのはいつだったかも覚えていない。物心がつく前に違いないのだが。

私のあんこの素地は、母が自宅でお茶とお花の小さな教室を開いていたことによって形作られた。習おう、という殊勝な気は起こらず、傍観するのみで、ただ、お茶菓子を毎週ひとつ必ず食べられる、という恩恵に与かっていた。季節を映す味とかたちの、こなしやきんとんだ。雪がちらつけば白色のお菓子、花が咲けばピンク色に染まったお菓子、暑い日には透き通ったお菓子、晩秋には木の実を模したお菓子。だから、和菓子は地味なものだなんて思った例しがない。さらに、祖母は小豆を煮てお正月にはお汁粉、お彼岸にはおはぎを作る、という決まりごとを毎年きっちり全うしてくれた。今はふたり暮らしの台所を見よう見まねに取り仕切る私は、子ども時代の刷り込みどおりに、あんこを欲して止まないが、家族はあんこを好かない。なので、たいてい、ひとりで食べる。女だらけの中へ身を投じるのは温泉くらいにしておきたくて、甘味処に入るのもためらわれる。そういう習慣から、お皿に載せてフォークで口に運ぶ、例えばケーキのような洋菓子は誰かと一緒に食べないとそわそわしてしまい、甘さを楽しめないのに、あんこに限ってはひとりで黙って食べたほうがしみじみ旨いと思いはじめている私である。

『あんこの本』は、そういう気持ちに寄り添ってくれる。お菓子を紹介する本は、その装丁や文章までもべたべたと甘さが過剰なものが多いのにはうんざりしている。口中に甘さは広げたくても、そのお菓子が包まれている包装紙はむしろそっけなくみえるくらいの色、柄が選ばれているほうがいいと思えるのと同じことで、この本は、シンプルな装丁、かわいこぶらずにありのままのあんこを写した写真も見どころだ。

この本は京都を軸にして、北は岩手から南は香川まで、様々な餡菓子をこしらえ商う店から製餡所までを三十八軒訪ねて聞き書きをして、作られている。

この本を書いた姜さんと知り合ったのはずいぶん前、まだ私が京都に住んでいた頃だった。直に連絡を取り合う間柄ではなかったが、人づてに、姜さんがあんこの本を書きはじめたと聞き、あんこ、といえばすぐ思い出す三軒の店について、こんなところがあるのでご参考までに、と、伝言をした。

その三軒は、私が目下住処を置いている東京・浅草にあるあんパン専門店「あんですMATOBA」と、きりっとした和菓子屋『徳太樓』、そして盛岡の『福田パン』だ。こう書き出してみると、あんことパンの組み合わせが好きなんだな、私は。

その後、無事に出来上がった『あんこの本』をめくってみて、日常的に通りがかり、餡を炊く匂いを嗅ぐこともあるそれらの店がページの上にのっかっているのを見て、妙な面映さをおぼえた。ただ、その前を通ったり買いものをしたりするだけでは知り得なかった事柄を掘り起こしている姜さんに、ちょっと、嫉妬した。

姜さんはもともとはあんこはあまり得意ではなかったという。

その代わり、あんこを好きになった瞬間を彼女ははっきり記憶していて、それを書き留めることができた。そのことが、うらやましい。

姜さんは、言葉を拾うのが上手い。

だから『あんこの本』は「あんこ名言集」にもなっている。

例えば、京都の餅屋『出町ふたば』では、豆大福について〈炊けたあんは、できるだけなぶらないように、練らないようにするんです。搗き上がった餅も手でちぎりますす。理由はわからないし、考えたこともないんですけどね、おじいさんの代からそうしてる。なぜか練るとおいしくなくなるんです〉という三代目の主の言葉を書き留める。〈なぜか〉〈わからない〉のに、妙に納得させられてしまう。

松山の甘味処『みよしの』の女主人は、先代である母の姿を、こう語る。

〈研究のためにいろいろなところの和菓子も食べてみるんですけど、何を食べても、やっぱりうちのあんこが一番、と言っていましたね。あんパンも中身を自分のあんこに入れ替えて食べていました〉

もちろん、店を開いてからどれだけの年月が流れているかも、きっちり記されているのだから、『出町ふたば』も『みよしの』も長いこと続いている店だとは分かって読んでいるのだが、こういうひとことふたことから、昔からおいしいお菓子を作ってきた店なんだな、と、真にのみこめる。主の矜持を読み取れるのだ。

姜さんが言葉拾いが巧みで、また、それを楽しんでもいることは、こちらも京都の『喜久屋』の栗のお菓子についての文章を読んで分かる。

〈「これは栗のお刺身みたいなもんですねん」予約しておいた「栗の子」を初めてこの店に取りに行った日、教会のシスターのように大きい三角巾をしたおばあちゃんに、そんな殺し文句をキメられた〉

おいしいものからは、そのおいしさを裏打ちする素敵な言葉が引き出されるのだと、姜さんはよく知っている。

先述した浅草の『徳太樓』では、店の看板となっているきんつばの衣について〈小麦粉の溶き方も人それぞれだよ。親父のはもっと薄いけど、俺はこのぐらいがいいと思ってる。でないと、あんこ食ってるのとおんなじになるから〉と、四代目が話す。泉岳寺の『松島屋』の三代目は〈何かで、藤色にこしあんを仕上げられたら一人前、って読んだけどさ、おれはこれぐらいの濃い色が好きだな。なんかさ、小豆のアクもよしとしたいんだよね〉と言う。

曲げずに続けることも、自分のやりかたはこれ、と決めて進むことも、おいしいお菓子に向かっているはずで、それは間違いない。拾われた言葉からも、それは分かる。そして、こしらえられたお菓子は、法外に高い値段を付けて売られてはいない。巻末に添えられた地図の下に記されているお菓子の価格をみれば分かる。つまりは、まっとうな店なのである。口の中でとろかした味を知っているお菓子だから、私もたしかにそう言える。

かん・さんみ（一九七四―　）京都市出身。『エルマガジン』『ミーツリージョナル』などの編集部を経て、フリー編集者。『何度でも食べたい。あんこの本』（二〇一〇年　京阪神エルマガジン社刊）は、全国津々浦々のあんこを訪ね、あんこを知る旅の記録。巻末にさまざまなあんこの歴史や巷説、さまざまな情報を集めた「あんこの栞」つき。

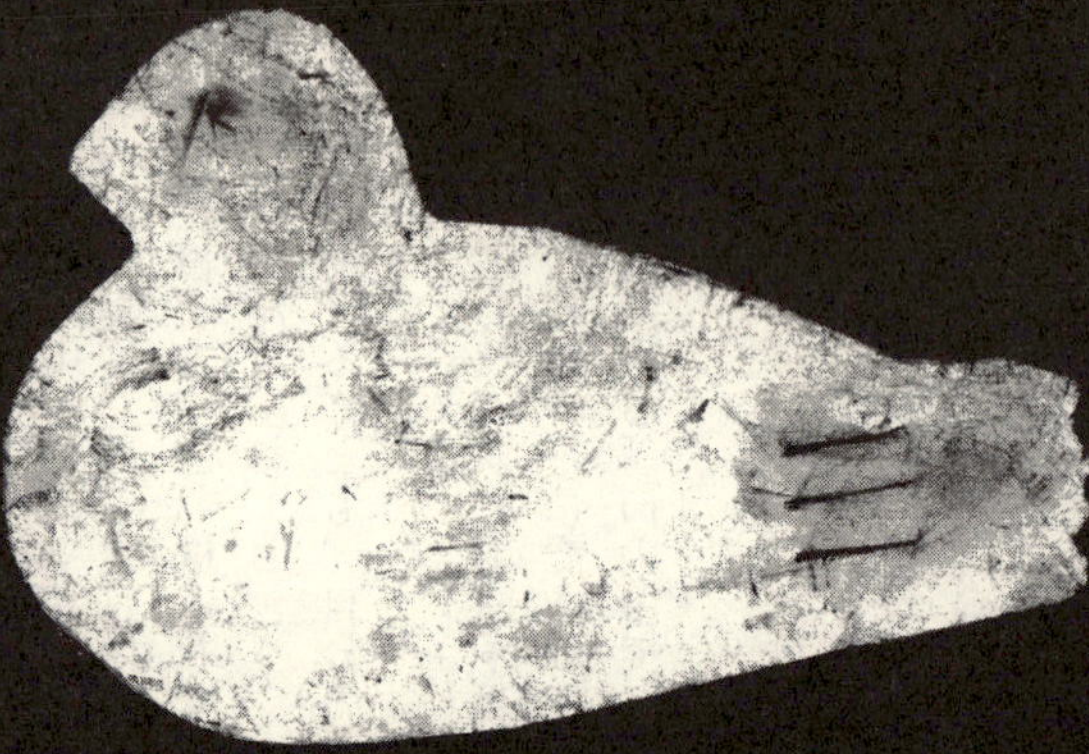

『ふるさとの菓子』

中村汀女・著

一九五五年に刊行された『ふるさとの菓子』は、日本の百十二のお菓子に寄せた俳句とエッセイをまとめた本である。ほとんどが、和菓子だ。片仮名の名前はわずかだ。たとえば、鎌倉の鳩サブレー。けれどこれは、日本的に解釈されたビスケットだと考えれば、和菓子にはちがいない。

読みつつ、これも食べたあれも食べたと数えていくと、全てのうち四分の一は口にしたことがあると分かった。我ながらずいぶんとお菓子を食べてきたものだとあきれる。あきれた後、お菓子はそうたやすく消え失せはしないものなんだなあと、感慨深くもなる。長く売られ食べられ続けているお菓子は、いつまでも胸の内で転がして大事にしていたい思い出、郷愁を、その裏へまわりこんで、しっかりと支えてくれているのだ。中村汀女はこの本のまえがきに〈お菓子とは、みな郷愁のかたまり〉だと書いている。

ひとつひとつのお菓子についてのエッセイは、どれもずいぶん短い。汀女は、多くの言葉を尽くす、というところに意味を見出していないのだろう、きっと。それは彼女が俳人だからと想像される。そして汀女は、全く純粋な食べ手に徹している。お菓子を作る人の手元をしげしげと見つめたり、幾つかの質問を投げかける機会を得て書かれてはいない文章なのだ。

お菓子が作られる場所に身を置いて、材料の匂いを嗅いだり、工程中に生じる湯気に包まれたりする。そんな経験をすることは、そのお菓子についてなにか書く人にも書かない人にも、おそらく目新しく、きっと感心するところのあるものだろう。ただ、その経験を書き綴った文章にまちがいなくお菓子の魅力があらわれるかというと、それはまた別の話であるのも、ほんとうだ。

仙台の「九重」に寄せたエッセイを読むと、彼女の姿勢が最もくっきり分かるように思う。

〈私が乗った山手電車、子供づれの若いお母さんの風呂敷に九重の袋が見えた。あなたもあの町にゆかりの人ですかと言いたくて……私とて旅住まいの二、三年だけれど、過ごした土地の名産はなつかしい。綺麗な菫《すみれ》色のつぶつぶに、お湯を注《さ》した瞬間は美しくたのしく、柚子の香の湯気があたゝかくたちのぼる。しかし言ってみれば、至極九重は呆っ気ない。ただそれだけで、あとは平凡な砂糖湯〉

情におぼれる一歩手前まで、汀女はすたすた近寄る。いかにも無心のようだ。今にもつんのめるよ、おぼれてしまうよ、と、こちらをはらはらさせながら、すっと情をすげなく振り切る。潔い。

甘いものについて書かれた本であるわけだけれど、文章には甘さと辛さが同居している。そしてその芯には、潔さがある。だからいい。

読むこちらとしては、個人的には、以前は辛さにばかり惹かれていたが、今では甘いほうにころりと参ってしまうことも増えている。ただ、辛さがないと甘さも引き立たないのだ。汀女のエッセイからはそれが実感できる。

比喩の上での甘さではなく、口中の甘さに寄り添った徳山の「およね餅」に寄せたこの文章が、私にはいちばん沁みた。

〈私の母がいった「柔らかで、こりゃいゝなァ」柔らかで甘いということは、なんと戻りついた古い家郷のような沁みる味であろうか〉

餅も実際柔らかかろうが、お母さんの感想こそが、真に柔らかい。

中村汀女のお母さんは、ずうっと生まれ故郷の熊本で暮らした。対して、夫の仕事に付き添って、東京に暮らし、仙台、大阪、横浜にもいっときは居を置いたという汀女は、母親の見なかったものや食べなかったものをどんどん見知っていく。すると、だんだん生活の上の感覚も熊本に居たときとは違ってくるだろう。「甘納豆」の思い出を読むと、お菓子が映す母娘の関係も気にかかる。

東京は日本橋の甘納豆を友人にお土産にしたら喜んでもらえてうれしい、と汀女は書き、それからこう続ける。

〈餡子といい甘納豆といい、私共には小豆の味は、ひどく幸福だと思ってしまうものでございますね。（中略）私の九州の田舎の母は甘納豆を甘過ぎると申しました。それも私にわかる言葉でございます〉

東京のはなやかな街の〈幸福〉な味は、郷里のお母さんには〈甘過ぎる〉。

ひとつのお菓子に同居するふたつの感想、その両方を分かってしまえば、もうお菓子を無邪気には味わえない。いろいろな街を知り様々なお菓子を食べた、そのあいだに、汀女はお菓子の甘い味だけを書き写すことの無意味さを知ったのだろう。そして、お菓子の甘さだけを味わっていてかまわなかった子ども時代をしみじみと振り返ったのだろう。

汀女は包み紙についてもしばしばふれている。ほめたかと思えば〈銘菓として打って出るならば、包装もまた考えてほしい〉ときついひとことを投げかける。包みをわくわくと解くところからお菓子を食べる時間は始まっていて、それら全てを含めてお菓子の味は決まると考えていたのだ。

最後に、俳人である汀女にはたいへん失礼ではあると思いつつ、この本におさめられている彼女の句で、これ、というのは選べなかった。お菓子の前で、俳句はあまりにも字足らずなのかもしれない。

なかむら・ていじょ（一九〇〇―八八）俳人。熊本県出身。熊本県立高等女学校を卒業するころから『ホトトギス』に投句するようになる。一九二〇年結婚、大蔵官僚の夫に従い、国内各地を転居。四七年、俳誌『風花』創刊・主宰。八〇年文化功労者、八四年日本芸術院賞受賞。『ふるさとの菓子』は五五年中央公論社刊。二〇〇六年アドスリーより復刻。

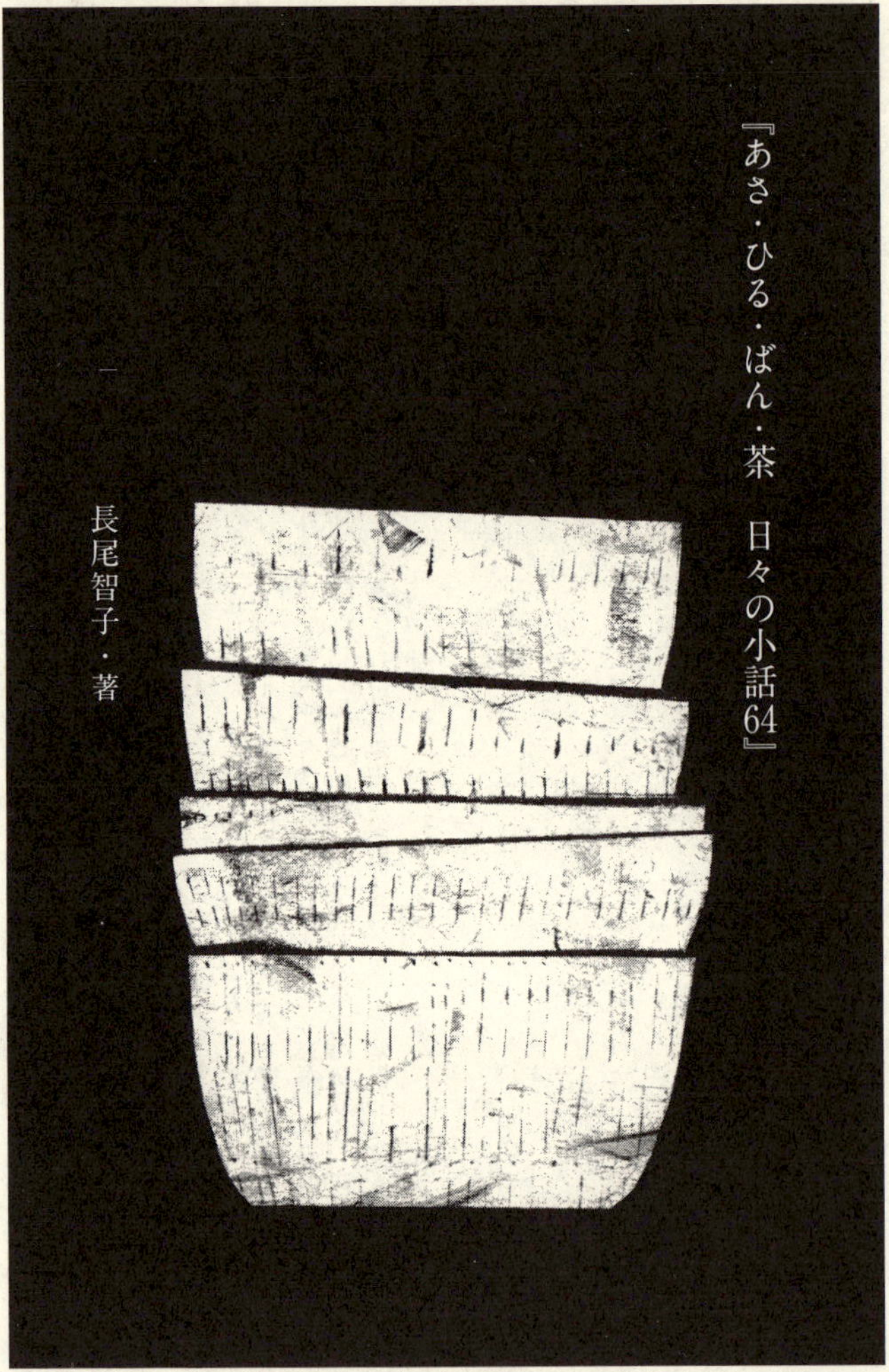
『あさ・ひる・ばん・茶　日々の小話64』
長尾智子・著

長尾智子のエッセイは、涼しく、柔らかい。です・ます調だから柔らかく読める、それもある。文章に、押し付けがましいところがない。控えめで、あっさりしている。全体に、内省的だ。こまめにあくをすくって作った料理、そういう印象を受ける。例えばこのようなくだりに、彼女の色がとてもよく出ているように思える。

〈沖縄の薬草茶は、苦手な人も少なくはないでしょうけれど、長年飲み続けていると、どうということはなくなってしまうものです。自分が普通に飲めるものでも、だめな人はだめ、と気づかずに仕事場でも出していたことがあります。強いねえ、これ、と言われてからでは遅すぎたのかもしれませんが、無理に飲んでくれていた人もいることを考えたら、出せなくなりました〉

料理を軸にしたエッセイにありがちな、誰かにごはんを作ってあげましょう、との提案は、ほとんどみられない。もちろん、誰かを招いて食べてもらう日の献立についてもページは割かれている。さりながら、ひとりでおいしく食べるのもいいね、そういう気ままさが、本全体に漂っている。

あるおかずを作るのに、順を追ってきっちり説明がされている、いわゆる「レシピ」に向かうよりも、エッセイのはしばしにちらちらと書きこまれている、ちょっとしたこつのほうが、あとあとまで記憶に残り、実際には実になるのではと思えることは度々ある。分量など示されていないぶん、真の勘所が書かれているように思えるのだ。

長尾智子のエッセイの中にも、そんなこつはもちろんあちこちに見つかる。

〈この煮汁が大事。まるでキャベツを食べているように、しっかりと味が出ていれば成功です〉

〈そう、まず材料を炒めてから、という作り方をあまりしなくなりました。野菜と一緒にオリーブ油を煮込んだほうがなじみがいい、というか、不思議と、油がまとわりついた感じにならないのです〉

料理研究家として幾年も料理を生業にしてきたことに裏打ちされていると信じられる。

彼女が幼少時より度々訪れているという青森の、郷土料理「けの汁」、和菓子に興味を持ちはじめてから通っている京都のこと、フランスの蚤の市で買ったもの、訪れたワイナリー、などについては、全て等しい温度をもって書かれている。

この本が刊行されたのは二〇一〇年、ついこのあいだだ。四十年以上前に書かれた食べものの本で、こう軽々と越境をしているものは、ほとんど、ない。外国は、遠かったから。

二十年くらい前に書かれた本だったら、外国のことは外国のこと、日本のことは日本のこと、と、そのあいだにきっちり線が引かれている場合が多かった。

今は、外国のものだから特別だと思いこまなくともよくなった。日本にむかしからあるものは実はかっこいいんだ、と、大声で表明したところで、もう誰も驚かなくなった。もちろんそうだよね、そう明るく頷かれるようになってから五年は経つ。十年前は、わざわざそう表明してみる態度そのものが、まだちょっと、新鮮だった。

日本のどこかの食べものも、ヨーロッパのどこかの食べものも、そのおいしさを等価に言い合えるのが「今」だなあ、つくづく思う。

この本は「今」の台所の本だ。

長尾智子が制作に携わっているという器にも、その「今」がくっきりと映されている。

福岡の「小石原焼《こいしわら》」の窯元十四軒が「小石原ポタリー」という旗の下に集まって作っている陶器がそれだ。製法は昔からの流れに逆らわず、そのままに、形を「今」に引き寄せて作られている、と見受けられる。私は、大きめのりんごをひとつ剝いて並べてちょうどいっぱいになるくらいのサイズのお皿を使っている。買うときに一枚一枚を見ていって、他よりややこってりとぐるぐると刻み付けられた「飛び鉋」の模様と、手にとったときの軽さで、決めた。同じだけの直径で、同じだけ深さのあるようにと作っても、窯ごとにずいぶん違ってみえるお皿が出来上がっているのが面白い。無理矢理に統一しておらず、あくまでも、真白ではない、白とグレーのあいだの色を持った小石原焼の枠からははみ出ず、しかしその中でゆるやかに動きをみせる器だから、素敵だ。

出自をそれなりに説明できる器を使っていたほうがいいなあ、私がそうまっすぐに考えるようになったのは、そんなにむかしのことでもない。それまでは、器の背景に拘りすぎるのは恥ずかしいように思えていた。しかし、私が目を背けようとしていたのは、料理よりも器が威張っているような食卓であって、器そのものではないと気付いた。床に取り落としても割れない代わりに、手放すときにもなんとも残念にも思わないような器ばかりを使い続けているのも張り合いがない、と、気が付いたのだ。

目下の小さな葛藤は、背景のみえる器同士は食卓の上でその個性がぶつかり合う場合がしばしばあり、その争いが起こらないような器の選びかたを自分なりに発見しなくては、ということにある。

小石原ポタリーのお皿は、おろしたその日から、なにくわぬ表情で、食卓にとけこんだ。おろしたてゆえの浮き足立った様子などどちらりとも見せなかった。長尾智子は〈あるとき、少し厚みのある、飾り気のない、あるいは洒落っ気のない器が、自分が作る料理にはいちばん合うと気づいて、〉と書いており、それは「小石原ポタリー」そのものだな、と思えた。

ながお・ともこ　フード・コーディネーター。本や雑誌などの出版分野、またカフェやレストランのメニュープランニング、商品開発等でも活躍。『あさ・ひる・ばん・茶　日々の小話64』（二〇一〇年　文化出版局刊）は、料理のヒントになるおしゃべりと、料理にまつわるいくつもの絵と暮らしの小話をまとめた一冊。

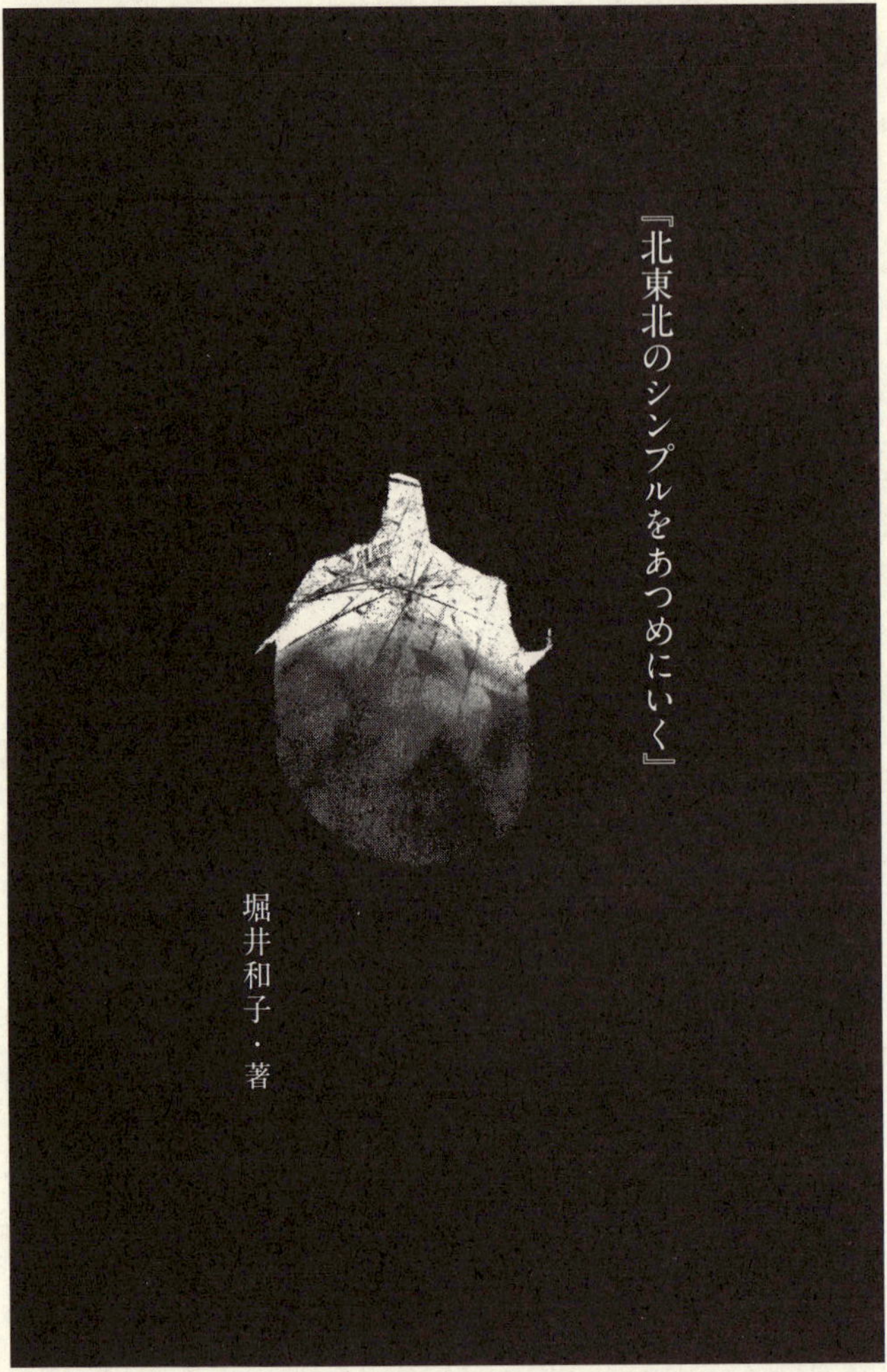
『北東北のシンプルをあつめにいく』
堀井和子・著

盛岡の小さな雑誌『てくり』にエッセイを書いたとき、編集長に繰り返し言われたのは「フォリナー」＝異邦人ならではの文章を頼む、とのことだった。とある家庭の事情で二年半、毎月通い詰めた盛岡には、それまでは旅の途中でさらっと立ち寄ったことしかなく、通ったあいだにも自分の場所といえるような居を置いたわけではなく、そうなるとたしかに視点は、よそもののフィルターがかかったままの「フォリナー」のものだったはずだ。

『北東北《きたとうほく》のシンプルをあつめにいく』は「フォリナー」の視点で書かれた本だ。「料理スタイリスト」である堀井和子の北東北への入口は、夫の実家のある、秋田だった。生まれも育ちも東京で、今もそこに暮らす彼女は、秋田へ向かうために、新幹線に乗る。そのルートの上では、盛岡駅を経由する。そこで途中下車をして、台所で働く美しい道具を、南部鉄器のパンケーキパン、竹笊、漆椀などを「発見」する。

この本の軸となっているのは、発見の心、である。

秋田の人、盛岡の人が当たり前に食べたり使ったりしていたものを、堀井和子は発見する。ページをめくっているあいだじゅう、ずうっと、彼女の驚きは連続している。東京ではないどこか、東京の外にあった日本を、彼女は発見する。

タイトルには、北東北、とうたわれている。北東北といえば、岩手・秋田・青森の三県を指すけれど、全くといっていいほど、青森の物事にはふれられていない。北東北のあちらこちらをバランスよく紹介していくのではなく、あくまでも堀井和子がこれまでに個人的に縁を結んだ土地からはみ出さない本なのだ。

初夏から初冬までの、秋田の料理についてのページが、この本の三分の二を占める。堀井和子は〈秋田の母〉が台所で作る味の印象を、涼やかな筆致でスケッチする。例えば〈瑠璃色の小茄子の漬物〉は、こんな風だ。

〈プキッと歯ごたえがよくてさわやかだが、初めは控えめで極くあっさりした味のように感じる。ところが秋田の白い御飯と食べるうちに、やはり小茄子の内に隠されている澄んだ水の味、食べ飽きない飄逸《ひょういつ》な個性にたどり着く〉

そういった季節の野菜、山菜やきのこ、男鹿の魚が主役のおかずは、綺麗な写真も共に載っていて目にも気持ちがいい。

郷土料理を研究する、という姿勢を堀井和子はとらない。秋田の歴史や地理上の特性をからめて解説することもほとんどしない。そうしない代わりに、ヨーロッパで知った味と、秋田のおいしさを彼女は比べる。

タチシオデ、という五月の山菜は〈フランスのペリゴール地方の市場で見た、野生のアスパラガスをもっと細く繊細にした感じ〉と表現され、それらが売られている秋田市民市場は〈フランスのバスク地方のサン・ジーン・ド・リュズの屋根付き市場や、昔のストックホルムのサルホール（屋内市場）に似た雰囲気だったかもしれない〉と想像される。

盛岡の南部煎餅についても、古きよき日本、というパッケージに包んで語ることはしない。

〈例えば食後にバニラアイスクリームに添えると、ストイックできりっとした硬質の軽さが絶妙に合っていける。チュイールなどのフランスのお菓子を添えるとどうしてもバターの味が後に残るし、アーモンドメレンゲなどはデリケートだけれど、やや甘さが多い。南部せんべいとバニラアイスクリームは、一度試したら、きっとくり返したくなる面白い組み合わせのような気がする〉

そして、述懐する。〈20代30代の若い頃には、繊細でストイックなまでに澄んだ野菜や山菜、きのこの味、地方料理のよさに気づけなかった。オリーヴ油やバター、ニンニクやアンチョビーなど、イタリア風、フランス風、あるいはアジア風のアレンジで料理してみたくなったりする〉と。〈おいしいとは思っていたのだけれど、そのおいしさがひょっとして、思っていたのよりずっとずっと、ものすごいレベルのことだったことがわかる〉のは、それよりも年を重ねてからだったと。

堀井和子のプロフィールをみると、大学ではフランス語学科を専攻し、ニューヨークで暮らした時期もある、とある。それは〈20代30代の若い頃〉で、その頃の堀井和子はきっと、フランスやアメリカのほうを、秋田よりも心理的には近しく感じていたのだろう。彼女より二十歳と少し年が下の私は、北東北の澄んだ味をすうっと受け入れ、ほれこめた代わりに、彼女ほどには清新な驚きを抱き続けられないでいる。東京よりはずいぶん東北に近しい土地で育ったせいかもしれない。それとも、外国への憧れもたいして持たず、それだから深入りもしないまま、北東北へ足を踏み入れたせいか。とはいえ、理由はなんであれ、いつまでも驚きを持っていられる、ということは、うらやましい。

堀井和子は〈春の山菜も夏の枝豆や里芋の茎も秋のきりたんぽ〉などを東京に持ち帰っておかずをこしらえても、秋田の味を同じようには作り出せないという。そして〈小豆をさらっと美しく煮るコツ〉を秋田のお母さんに聞きながら〈小豆を煮る時もあの澄んだ秋田の水が鍵になるように思えて、はっとしてしまった〉、そう書く。全く同じことを、盛岡と東京を行き来しながら、私も思った。つまるところ、作りかたや「腕」によるものではないのだ、あの味は。水が、違うのだ。それが分かってしまうと、北東北には敵わないなあと兜をぬぐしかない。いったん北東北の味に惚れ込んだならば、その欠片を少しだけ手元に置くことに物足りなさをおぼえたら、やっぱり、足を運んでみなければならないのだった。

ほりい・かずこ（一九五四— ）料理スタイリスト。東京都出身。中学生の頃からの料理好きが高じて料理スタイリストに。ニューヨーク郊外で三年間暮らして帰国後、シンプルで洗練された料理のレシピ、スタイリングを紹介しつつ、写真、文、イラストまで手掛けて伝える単行本を執筆。『北東北のシンプルをあつめにいく』は二〇〇四年、講談社刊。

『日々ごはん』

『帰ってから、お腹がすいてもいいように
と思ったのだ。』

高山なおみ・著

料理の本は何冊も持っている。新聞や雑誌に載っているレシピを切り抜くこともしばしばだ。そうやっていると、自然と、同じ料理研究家のレシピが集まる。今すぐ作るつもりはなくても、この人のレシピは手元に置いておきたいと思わされる勘所というのは、素材なのか、味付けなのか、道具なのか、それとも盛り付けにあるのか。

誰のレシピをいちばん頼りにしているかを問われたとき、高山なおみさんかな、とそう答えるようになってからどれくらい経つのか。そもそもそれ以前は、誰それ、と、名前をすぐに挙げられたのか。それほど真面目に台所に向かってはいなかったせいもあるだろう。

初めて読んだ高山なおみのレシピは、二〇〇一年に刊行された『帰ってから、お腹がすいてもいいようにと思ったのだ。』というエッセイ集に、おまけみたいに挟み込まれていたものだった。〈落ちこんだ日のスープ〉〈彼女の焼き豚〉など、ふだん台所に向かわない人には敷居が高いくらいの、ずいぶんさらっとしたレシピだった。それらを写した、夜の台所で撮った風の写真も格好よかった。

刊行されてすぐ買ったその本について、当時私が働いていた京都の喫茶店の同僚と、いいね、と、言い合っていたのをおぼえている。その喫茶店からいちばん近かった本屋「丸善」に本が並べられている風景も思い出せる。

読み返せば、ずいぶん抑制の利いた、というよりむしろ、おずおずとした文章だ。観た夢の話が頻出する。そちらのほうへ、高山なおみ自身しか観られない世界のほうへ、読んでいるこちらは強く引っ張られる。

翌年から書かれはじめた『日々ごはん』の文章は、前著にあった、暗がりでそっと書かれた雰囲気がない。屈託なく、あっけらかんとしている。彼女自身の生活に屈託はあっても、そのことを書き綴る文章には屈託がないのだ。

『日々ごはん』は、高山なおみ四十三歳から四十九歳までの日記である。全部で十二巻になる。その日に作って食べたおかずが必ず記されている。二〇〇二年二月の〈あぶらっこいうまさ〉を目指して作った〈ごぼうハンバーグ〉に始まり、二〇〇八年の同じく二月の〈ちらし寿司（ひじき煮、ずわい蟹、いくら、カンパチのヅケ、錦糸卵、海苔）、長ねぎと椎茸の網焼き炒め（それぞれを網で軽く焼いてから、ごま油と塩で炒めた）、豆腐のおすまし、赤蕪の漬物〉に終わる。それとは別に、ひと月にひとつ、レシピが添えられてもいる。ずいぶん親切なものだ。どういう風にして思い付き、作り出されたのかが説明される、その背景は明るい。『帰ってから、お腹がすいてもいいようにと思ったのだ。』では、どちらかといえば背景に暗さや寂しさがまとわりつくレシピが目立っていたのだが。

『日々ごはん』三巻を開いてしばらく、というあたりまでは、高山なおみは、夫とその娘との三人暮らしをしている。四巻では娘と同い年の居候の女の子が居て、それから後は、夫とのふたり暮らしだ。ふたりの「日々」は、そう平らかなものではない。もっといえば、「日々」が平らかになり過ぎないように、高山なおみは努力をしている。意識的にも、無意識にも。

〈毎日ごはんを作って食べていると、完ぺきな献立に飽きがくる。お皿に盛ったカレーライスではなく、茶わんのご飯にカレーをかけて、いい加減な気持ちで、箸で食べたりするのがおいしい時もあるのだ〉

時系列に順々に『日々ごはん』は刊行された。本屋に並んだとみるやすぐに買い、かじりつくようにして読んだのは、四巻までだった。一巻から四巻が刊行されるあいだ、私は先述の喫茶店で一緒に働いていた六つ年下の女の子とルームシェアをしていた。その頃の『日々ごはん』はルームメイトと一緒に読んでいた。本の中に起こった出来事を、互いに身近なことのようにルームメイトと話し合い、しみじみし、笑い、ひとりになった時間にもまた反芻していた。

今、あらためてその元ルームメイトに訊ねてみると、一巻二巻の、高山なおみが『クウクウ』という〈諸国空想料理〉を出すレストランにて、シェフとして働いていた頃の日々の記録がつくづく好きだった、と言う。二巻の途中で高山なおみは開店からずっと関わっていた『クウクウ』を辞め、四巻では十四年続いたその店が閉まる。そのあたりは、高山なおみが、家の台所を柱とする料理研究家になっていく、変化の巻でもある。巻が進めば進むほど、高山なおみの足場は固まり、揺らがなくなっていくようにみえる。

思うに、私もルームメイトも、過渡期にある高山なおみの文章に愛着を持って読んでいた。それは私たちふたりも過渡期にあったからだろう。今だって、まだそうかもしれない。

ふたりで読んでいた巻から、高山なおみの、仕事に向かう姿勢があらわれたくだりを、当時、つくづく感心しながら読んでいたくだりを拾い出す。

一巻で、高山なおみは夜中に台所に立っていて、ふと気付く。

〈作っているうちに、(あれ、私は自分が食べたいわけではないみたい)と気がついた。かといって、仕事をしているスイセイにというわけでもない。何に向かって、人

参の皮などむいているのだろう。今日一日、私は料理をしてなかったからだなと気がつく。料理きちがいだ〉

四巻では、堀井和子のレシピに沿って食パンをこしらえ、こうひとりごちる。〈人のレシピっておもしろい。私はつい、強力粉にライ麦粉や全粒粉などを加えたがるが、今日はまっさらの強力粉だけでやった。なんて肌触りがいいんだろう。しかも、粉をふるいながら入れるとは。レシピというのはつくづく人柄だな、と思いました。（中略）私のは、なにかと存在感がありすぎるんだよ。それはそれで香ばしく、もちろんおいしいのだが、白いご飯のように毎日食べてもいつもおいしいパンってすばらしい〉と、まっすぐに感心してから、彼女はこう続ける。〈堀井さんがこんなにおいしい生地を考え出したのだから、同じような似ているパンがいくつもあっても仕方がない。すばらしいものは、世の中にひとつあればいい。私は私で、また別のすばらしいレシピを考えればいいのだから……などと思いながら練っていた〉

彼女は、台所で考える。考え込む。自分よりずいぶん年上の、自分の仕事を持つ女でも、そういう時間を日常に転がし、持て余すものなのだ。そして、そこから次に進む力を得るのだ。それを知らされて、私たちは、うれしかった。

つんのめって今にも転げそうなくらい傾倒していたときは実は、高山なおみのレシピを元に料理を作ることはあまりしなかった。『日々ごはん』の、「日々」のほうばかりに目をやって、正直、「ごはん」のことは気もそぞろ、だったようにも思われる。このところはずいぶん、高山なおみのレシピを頼りにしている。どうしてかと訊ねられれば、落ち着いてどっしりと台所を采配している雰囲気があるところと、道具に頼り過ぎない、盛り付けを端正にし過ぎないような、ほどほどに野性味を残してあるところ、そのバランスがちょうどいいから、そう答えている。

たかやま・なおみ（一九五八―　）料理家。静岡県出身。東京・吉祥寺のレストラン『諸国空想料理店ＫｕｕＫｕｕ』のシェフを務めたのち、料理家に専念。書籍、雑誌、テレビなどで活躍。『日々ごはん』（アノニマ・スタジオ刊）は二〇〇四年から二〇一〇年まで、計十二冊刊行された、著者の人気日記エッセイ。

『おべんとうの時間』
阿部了・写真
阿部直美・文

『おべんとうの時間』は、写真と文章がぴったり寄り添う本だ。日本のあちこちの台所でいそいそと作られたお弁当をまっすぐに写した写真、それを食べる三十九人に聞き書きしたお話が、おさめられている。お弁当を食べる人が、おずおずと、時には饒舌になりながら話をしただろう事柄が書き写されているのみで、聞き手の感想はもらされない。

レシピも、ひとつも添えられていない。

ひとりひとりの話を読んで知ることは、お弁当の作りかたではない。菜っ葉の下ごしらえの仕方や、おかずを保たせるための工夫などについて、もしかしたら話されたのかもしれないが、本の上にはあらわれない。

お弁当について語ることは、その人の生活、心持ち、そしてこれまでの「おべんとうの思い出」を振り返ることだ。この本の主眼はそこにある。

三十九人、仕事もばらばら、老若男女、いろいろな人がいる。お弁当を、日々、作ってもらう人がいる。

〈うちのかあちゃんは、「弁当箱は洗ってくれるな」って言うんだ。そうやって、俺の食べ方なんかを、しっかり見てきたんだな。体のことなんかも、考えてくれてる。まあ、いつも俺は、米粒ひとつも残さないんだども。この九年くらいは、昼はむすびにしてもらうことが多いんだ。仕事で外に出ることも多いから、ゆっくりと食べるってわけにいかないんだな〉

作る人にとっても、詰めて渡すところで「おべんとうの時間」が終わるわけではないのだ。語られる〈むすび〉は小ぶりで丸い。〈かあちゃん〉の姿は見えないが、このおにぎりみたいな人かなあと、ストレートすぎる想像もしてみる。

また、ごはんの上に鮭フレークが散らされて、そちらとはレタスで仕切られたおかずの領地からは、ぴんと長いきんぴらがはみ出しそうなお弁当を食べる人は言う。〈弁当の中身のことは、何も言いません。うん、それはもう言わないことにしてる。もし嫌なことを言われたら、作らないよね、やっぱり。弁当ってふたりで食べるものだと思うんです。作る人と作ってもらう人のふたり。作ってくれる人の気持ちは伝わるから、ありがたいなぁって思います。そしたら、何も言えないです〉

ものすごくいいことを言う。この人の、この言葉だけで、読んでいるこちらの台所までほのぼのと明るく照らされた気になる。そうだね頑張って作ろうか、と思わされる。

とはいえ、お弁当は作ってもらうものとは限らない。食べる人＝作った人、というお弁当も、この本にはふんだんに登場する。

例えば、猫にやるまぐろの残りを使った鉄火巻きをこしらえる、大学教授がいる。〈この弁当作るんは、僕です。妻の分までは作らへんねえ。巻くだけやから簡単。竹の皮で包んで、手軽やね。そのまんま手でつまんで食べるだけ。醬油みたいなこまごましたもん、ここには用意してないから何もつけないの。出物のない日には、学食で「梅わかうどん」です。梅干しとわかめ、天カス入りで200円〉

どちらかといえば、そういった、自分のために自分でお弁当を作っている人の話のほうにばかり、熱心に耳を傾けがちな私だ。〈どうやったら手早く作れるか、幾年もかけて編み出し〉て握るという大きくていかにも無骨なおにぎり、〈喫茶室で働いていた頃の動き〉で作られるサンドイッチなどの写真を見ていると、ああ、自分自身をちゃんと可愛がることのできる人たちだなあ、と、眩しく思う。

この本の背表紙には、タイトルと著者名のあいだに、赤い丸がぽんと置かれている。本のカバーを外してみると、そこにもある。表紙の白い厚紙の真ん中にやはり、赤い丸が描かれている。梅干しだ、と、やっと気が付く。本そのものが、日の丸弁当に見えてくる。梅干しにはごはんを保たせる力があると聞く。その効能もさることながら、素晴らしく明解な色の組合わせだと、あらためて思う。

三十九人のお弁当の中に、ごはんに梅干しのみ、おかずなし、そういう純然たる日の丸弁当は見当たらない。ごはんの上に梅干しがのっけてあるお弁当は、数えると七つ。それほど多いとはいえない。その梅干しのついでに同じく数えてみたのは、プチトマトだ。こちらは十二あった。四分の一以上のお弁当に入っている、ということになる。ここで、梅干しごはんであり、かつ、プチトマトがおかずに加わっている、そういうお弁当はひとつもないのだとも明らかになった。

プチトマトは今、梅干しの役割のひとつを担っているのか、そう思った。お弁当という小世界を彩るために働いているのか、と。

さりながら、私は個人的に、プチトマトを好かない。あれは、小さすぎる。ふつうのトマトのように、切ったり煮たりしていろいろに使うには不便で、あくまでも添えもの、彩りのための存在であるところが気に入らない。

そもそも、お弁当において、彩り、ということはそんなにも重きを置かなくてはいけないところなのだろうかも、疑問なのだ。

ある人は、お母さんに作ってもらったお弁当を振り返り、こう言う。

〈実は、弁当ってあんまり好きじゃなかったんです。まず、冷めちょうってことが嫌でしょ。汁が出るでしょ。ランドセル開けると、匂いが充満しちょうでしょ。友達のは可愛かったけど、私のはそうじゃなかったでしょ〉

お母さん作る可愛くないお弁当、むしろおいしそうに想像される。ちなみに、この人が今自分で作るというお弁当は、梅干しごはんだ。正直、それほど彩りに凝っているともみえないが、ぶっきらぼうでもない。そしてちゃんと、おいしそうだ。

さりながら、写真を眺めていて、おいしそうでないお弁当というものはひとつもなかった。中にはひょっとしたら、読んでいるこちらに渡されてみれば、残さず食べ切るのは難しい、というものもあるのかもしれないけれど、お弁当はみな等しく「おいしそう」であることは、確かなのだ。

ところで、実は、梅干しとプチトマトの他にも数えてみたものがある。それは卵焼きである。卵焼きの入っているお弁当は、二十一もある。つまり、過半数を占めている。ゆで卵など、卵を使っているとはっきり分かる料理も含めれば、卵がおかずに加わっていないお弁当のほうが珍しいくらいだった。卵は、お弁当の要なのだ。

そのことを象徴するような、とてもふんわりとしたエピソードも『おべんとうの時間』にはしっかり刻まれている。

〈今は、幼稚園の娘にお弁当を作る日があります。ある日、わかるかな？　と思いながら玉子焼きをハート型に組み合わせたら、「おかーさん、お弁当に幸せのカタチが入ってたね」って。以来、娘のお弁当にはハートの玉子焼きをかならず入れるんですよ〉

『おべんとうの時間』（二〇一〇年　木楽舎刊）は、お弁当ハンター（阿部了・写真、阿部直美・文）の二人が全国各地の手作り弁当を二人三脚で取材したフォトエッセイ集。海女、釣り堀経営、素麺職人、高校生、猿まわし、営業マン、大学教授……市井の人たちが照れながら見せてくれた手作りのお弁当の数々。

『巴里の空の下オムレツのにおいは流れる』

石井好子・著

エッセイを書き始めるきっかけについて、晩年の石井好子の言葉を、雑誌『クウネル』で読んだ。

〈パリでごはんを炊くわびしさ、どうやったらお鍋でうまく炊けるかみたいなことを書いたんですね〉

それを書かせたのも、一読して、もっと食べもののことを書くべきだと勧めたのも往年の名雑誌『暮しの手帖』の編集長、花森安治だったという。

私がこのエッセイ集『巴里の空の下オムレツのにおいは流れる』を初めて読んだのがいつだったか、はっきりとは記憶していない。母の本棚にあったのか、町の図書館で借りたのか。ずいぶん幼い頃だったのは確かだ。知らないことばかりが書かれていて、たいそう感心した、そんな読後感がくっきり残っているからだ。鍋でごはんを炊くやりかたも知らず、そもそもお米を研いだ経験もないままに読んでいた。おかずをこしらえる面倒くささも楽しさも知らないままの子どもだったのだ。そう振り返ってみれば、果たして、どのあたりを面白がって読んでいたのか不思議でもある。

ずいぶん久しぶりに読み返してみて、パリの、フランスのお話だけを詰め込んだ本ではなかったと、驚いた。アメリカ、イタリア、スイス、ドイツのおいしいものもしっかり紹介されている。当時の私は、欧米のどこもここも全て同じように、遠いどこかの国、と、とらえたままに読んでいたのだろう。

生まれも育ちも東京の石井好子はシャンソン歌手で、歌の仕事のために、それらの異国と東京とを行き来する。八年暮らしたというフランスに彼女はとても愛着を持っている。フランス人の〈たべっぷり〉に見とれる。彼らの、おいしいものへの執着に、目を見張り、そしてじっと見つめて、ほれぼれするのだ。

〈歌手や踊子などはおしゃれに浮き身をやつし、お料理の仕方もしらないだろうと思ったら大間違いで、フランスの女の人は皆みようみまね、おいしいもの好きで、お料理もとてもうまいし、よく知っている〉

〈みようみまね〉というところに、実感がこもって読める。石井好子がエッセイの中に書き込むレシピも、きっと〈みようみまね〉のものだからだ。

石井好子は、フランス人のスタイルをまるっきりそのまま模倣する、真似してみるわけではない。フランスにかぶれている、というわけではない。フランスで食べて覚えた料理を、そっくりそのままに東京の台所で再現しよう、などと気負いはしない。

例えば、ポトフの作りかたをひととおり説明したそのおしまいのところに〈肉はスープに味をとられて、いささかだしがら的な肉になっているので、残ってしまうことも多い。そのときは、たっぷりのしょうがじょう油に一晩つけておき、翌日うす切りにして出すと、さっぱりしたおいしいおかずになる〉と書き添える。〈たっぷりのしょうがじょう油〉とあれば、こちらの気分は、浸っていたフランスから、よく見知った東京に戻される。とはいえ、無理矢理に襟首つかんで引きもどされる、そういうような嫌な気はしない。おっとりと、自在に、フランスと東京を行き来する彼女の文章をたどっていると自然とこちらも、ふたつの国の台所にそんなに距離はない、そういうように、のんびり思えてくる。

だから〈油揚はなかなか有効につかえるものだ。西洋料理のベーコンのようなものだと私は思う〉とあっても、なるほどと、気持ちよくすとんと腑に落ちるわけだ。

フランスと日本の料理を、どちらがいい悪い、優れている劣っている、などと比べることを石井好子はしない。そんな比較は野暮だと知っての上かどうかは判然としないが、彼女が頭の中だけで食べものをいじくっていない証拠にはなるだろう。むやみに比較してみれば、幸福から遠ざかる。そのことを、彼女はきっと、知っている。

幸福、という言葉は、この本の中に、ちらっちらっとあらわれる。

〈お料理はなんのきまりもないのだから、とらわれないことだ。それから自信をもってまな板に向うことだ。こんな材料ではおいしいものがつくれる筈はないと思う前に、これだけのものでどんなおいしいものをつくってみせようかと考えるほうが幸福だと思う〉

そんな幸福を抱く石井好子の書くレシピは、つくづく平易だ。出来上がりを口に入れるまでの待ち遠しさも含んで、うれしげな調子で、無邪気にあっけらかんと綴られている。

この本全体、食べもののエッセイ、というよりもむしろ、おいしいものについてのエッセイ、そう読める。侘しさや悲しさが食べものの上にふっとその影を落とすくだりがあっても、彼女の筆致によれば、影は影らしくも読めない。

おいしいものの姿をのみ描き出す人、それはすなわち、幸福な食べものを描き、こしらえる人に他ならない。

いしい・よしこ（一九二二―二〇一〇）シャンソン歌手、エッセイスト。東京都出身。母の勧めで六歳からピアノを習い、東京芸術大学声楽科を卒業。一九五二年渡仏し、パリでシャンソン歌手としてデビュー。日本シャンソン協会初代会長。『巴里の空の下オムレツのにおいは流れる』初版は一九六三年暮しの手帖社刊。二〇一一年河出文庫に収録。

『女ひとり寿司』

湯山玲子・著

ひとりでお鮨を食べたことはと振り返れば、回転鮨か、デパートの地下で、閉店間際に、半額、とシールが貼られたパック入りのお鮨か。そういう、つましいというよりむしろわびしい記憶の中にしか、ひとり鮨はない。

この場合の「鮨」とはあくまでも、稲荷でも、太巻きでも、ちらし鮨でもない。翌朝のほうがむしろおいしい、などと言えるのどかなものではない。緊張感のあるほうの、お鮨である。魚の身をきれいに切り取り、シャリ、と名を変えたごはんに載せて握って、これまたきれいな形に整えられて目の前に置かれる、そういう鮨が好きかと問われたら、好き、と即答するだろうが、ひとりで追い求めようとは私はしない。それはどうしてかとまた問われれば、私の財布の中身には分不相応だからだ。旨い鮨は高い。では、みみっちくお金を数えなくてもいいほどの身分だったら、どうだろう。それでもひょいひょい食べに行きはしない気がする。

お鮨はたしかにおいしい。

しかし、めんどうくさい。

『女ひとり寿司』は、そのめんどうくささとの戦いから、はじまる。

〈単なる外食屋でありながら、職人と常連、作法と根深い日本的男社会の和によって、独特の空間が展開されて行く中に、ヘンな女ひとりがフリで入って行くところの摩擦を売り物にしているエッセイ〉を、湯山玲子が書きはじめたのは、負けん気からだ。

湯山玲子は、住宅街の直中の、その前にはいつも高級車が停まっている鮨屋に、初めてひとりで入った日、たいへん居心地の悪い思いをしたという。けれど〈「あんな店、もう二度と行くもんか」から、「もう一度、行って主人の鼻をあかしてやりたい」〉と思い直すまではたいした時間もかからず、彼女はそれからずうっと、鮨屋を見つめ続けることとなる。

女がひとりで鮨屋へ行くことの困難さ、風当たりの強さを、彼女はこう書きあらわす。

〈単に金を払って寿司を食うたびごとに、毎回駒井組に単身、唐獅子牡丹のテーマにのって乗り込んでいく高倉健の覚悟が必要ならば、これでは、はっきりいって身が持たない〉

お鮨のおいしさはその覚悟に見合うと納得するつもりはなく、お鮨のめんどうくささをねじふせてやりたいという負けん気に、湯山玲子は突き動かされる。

東京を主とする二十六軒のぴりっとした鮨屋と、苦く笑える思い出のつきまとう五軒で彼女はひとりお鮨を食べる。湯山玲子の観察眼は、細部までを逃さない。その鮨屋のある街の色、店までの道程、戸口から一歩足を踏み入れるとすぐにかけられる声、居合わせた他の客たち、主《あるじ》の振る舞い。湯山玲子は、それらを含めて、鮨を味わう。お鮨を、鮨屋ごと食べ尽くす。彼女は、一軒一軒を等しく誉めようとはしない。斜に構えてあらさがしもしない。あくまでまっすぐ、平らかな視点で、女がひとりでお鮨を食べるにあたって、その鮨屋はどのような舞台なのかをつぶさに記録する。鮨屋を巡る人びとを活写するくだりは秀逸だ。

〈女ひとり寿司の天敵の中には、男に連れてきてもらわなければ、一生寿司屋のカウンターには座ることはない、と思っている女と、そういう女が好きな男、というのが両方いる〉などには、声を立てて笑いたい。笑った後、自分はそんな女ではないか、ふと振り返るが、鮨屋のカウンターに座らせてくれる男は寄り付いてこないからやっぱり違う、そう思う。

人々のあいだに湯山玲子は交わり、反発し、宥和する。彼女は、自身の心の動きを、まじめに、軽妙に、書き写していく。

半分より少し先まで読み進めたあたりで、湯山玲子は自らの指針となる〈寿司の〝スタンダード〟〉を見定める。

〈『あら輝』の寿司に出逢ったことで、私の興味は断然、寿司そのものに移って行くのである。そう、『あら輝』以前、私は自分の中に、寿司の〝スタンダード〟を持っていなかったともいえる〉

彼女は、幼少より嗜み突き詰めている「音楽」を例に挙げ、「スタンダード」とはどんなものであるか、定義してみせる。

〈しかし、間違えてはいけないのが、この〝スタンダード〟は、世間一般でいわれる、〝誰にも文句を言われない超一流〟である必要はない、ということ〉

そうか、私のスタンダードはこれだったたか、あれだったたか、と、お鮨も食べものも超えたところへいっとき気持ちが運ばれる。

『あら輝』を経てからも鮨屋行脚は続く。彼女の観察眼はお鮨ばかりに注がれることはなく、鮨屋の人間模様をつぶさに追い続けて、読んでいるこちらを飽かせない。とはいえ、やはりスタンダードはこれだ、と、摑むことは、自信、という柱を自分の中に持つに等しい。だから彼女にもう恐いものはない、否、恐い鮨屋はない。さりながら、そこまで辿り着いたとき、湯山玲子は、一定の距離をとって観察、検証していたお鮨の世界に、のみこまれる。

〈同じ握り手であっても、調子のいいときと悪いときがあり、また店の客の醸し出す雰囲気で、二度とない素敵な一夜が立ち現れるときもあり、寿司とは一度ハマるとゴールのない旅のように、まさに一生ものの、なにか食の範疇を超えた、ひとつの〝道〟のような気さえしている。コレを始める前は、そういう、寿司にまつわる共同幻想こそを嫌っていたのに、今はまるでミイラ取りがミイラになった気分だ〉

面白く、そしておそろしい。やっぱりおいしい。それが、お鮨か。

ゆやま・れいこ　東京都出身。雑誌や単行本の編集、執筆に加え、広告のディレクション、プロデュースなど、出版分野で活躍。現場主義をモットーに、クラブカルチャー、映画、音楽、食、ファッションなど、文化全般に通じる。有限会社ホウ71代表取締役。『女ひとり寿司』は二〇〇四年、洋泉社刊。二〇一〇年幻冬舎文庫に収録。

『ひとり飲む、京都』
太田和彦・著

太田和彦さんとは一度だけお酒を共にしたことがある、大阪にて。大勢の賑やかな会で、きっとその中に紛れた私のことは記憶していないだろう。しかし、太田さんの本は一冊目から読んでいるこちらとしては、既知の間柄のように思い込んでいるから、いきなり親しげに話しかけてしまった。そのことを、あとで反省した。

『ひとり飲む、京都』は、まずは六月に一週間、そして翌年の一月にまた一週間の、京都に滞在した日々の旅行記である。タイトルどおり、太田さんが毎晩、街のあちこちで飲むひとり酒の記録が、軸となっている。

太田さんは、北京生まれ、長野育ちで、そして東京に暮らして長い。本の中には、京都という街に幻想をたっぷり抱いていると推察されるくだりが散見される。その上で、太田さんは言い切る。

〈住人には旅行者は闖入者、闖入者は分をわきまえることだ。それでは深い所までわからない、本当の京都はわからない、と言われるかもしれないが、「深い所や本当の京都」を知ろうとは特に思わず、うわべのつき合いで気分よく飲んでいたい〉

六月の四日目に、すでにそう宣言されている。このくだりを読んだだけで、太田さんの京都に対する姿勢が分かる。

そして、こう続ける。

〈京都に限らず、酒場は表面的なつき合いのできるところがよいと思っている。表面的だからよいところだけ見せ、きれいごとに終始する。居酒屋やバーのカウンターが好きなのは主人と客という関係が厳然とあるからで、カウンターから出て隣に座られたりすると居心地が悪くなる。個人的な友達ではなく「主人と客（それは対等だが）」の関係でいたい。それはきれいごとでいい、というか、きれいごとを守りたい。せめて酒場くらいはその世界でありたい〉

ストイックだ。格好いい。酒場でこういう風に居られたら、さっぱりさばさばと、気持ちがいいだろうなと思う。しかし、そう思ってみたところで、もっとお店の主に、お店そのものにずぶずぶと深入りしてみたいという欲を、まだ捨てきれないでいる私であるのも事実で、つまりはどっちつかずの姿勢で酒場に向かっているのだ、ということを胸中からつかみ出されるくだりだった。

六月、二日目、太田さんは、川端二条の居酒屋『赤垣屋』へ行く。

〈私はだいたいこの席に座り、目の前のお燗番とは昔はいろんな話などもしたが、この頃は「いつ来やはった」とも何とも聞かれなくなった。私もいつ来たとも言わなくなり、会話は注文と「へい」だけ。今日はすでに二十分は座っているが発した言葉は「こんちは、生、奴、若狭カレイ」だけだ。しかしそれがいい。出張などで来て久しぶりに座るのではなく、京都に住む近所の人のように通ってくるのが望みだから。常連は話などしない、と言うか、もう話すことがない〉

それからおよそ半年後、十一月の六日目には、五条の『櫻バー』という名の居酒屋によせて、こう書く。

〈京都は観光店と地元店がはっきり分かれ、観光は京都の最大産業ゆえ、地元の人は（遠慮するにせよ、無視するにせよ）観光店には入らない。そうして昨日の「よこちょう」、今日の「櫻バー」のような店で極上を楽しんでいる。京情緒はいらない〉

旅先で、地元の人が行くのと同じところ、日常を垣間見れるお店でごはんを食べたいという望み、そういう願望をふくらませがちな質である、とりわけ私は。しかし京都に憧れを持っている旅人を案内したとき、日常のそのまんまを見せたところずいぶんがっかりされた場合もたしかに、しかも幾度もあり、だから、難しいものだなあと思いもする。

この本で紹介される居酒屋二十一軒のうち、私が行ったことがあるのは七軒だ。先程引いた二軒は、その中に含まれる。思い出してみれば『赤垣屋』は意図して演出されてはいないはずの〈京情緒〉を存分にたたえていて、かつ、日常の居酒屋でもあるという希有な店だ。対して『櫻バー』ではたしかに〈京情緒〉は見つけにくい。が、京都に立地し、京都の風が吹き抜ける店であるからには、京都らしさ、というものは必ずやまとわりついて離れないには違いないのだ。

太田さんのこれまでの酒場の本と比べると『ひとり飲む、京都』は、登場する喫茶店の数の多さが際立つ。十軒もある。十軒の全てに私は行ったことがある。そのうちの一軒『喫茶ソワレ』では三年間、ウェイトレスをしていた。太田さんが『喫茶ソワレ』を紹介する文章はそれほど長くはなく、さらりとしたものではあった。京都ではいちばん名高いといえる『イノダコーヒ』の三条店の象徴的存在である円形カウンターの中の風景を描いた文章が、流石だ。〈湯を沸かす大きな機器、深い寸胴、大小様々の真っ白な琺瑯水差し、カップを温めるバットなど、コーヒーひとつにも様々な道具がそろい、ミルクを小分けして冷やし、コーヒーをネルで淹れ、長い食パンを慎重に八枚に切り、とけっこう仕事はあるものだ。仕事のすべてをつねに四囲から見られるのは緊張と清潔が欠かせないだろう。コーヒー一杯にここまでおおげさに神経を使い、仕事を見せ場にする喫茶店は他に知らず、京都のコーヒー文化を感じる。と言うよりも「文化」にもってゆく意識を思う〉

この、最後の一文が、流石なのだ。その前までのくだりのような感想を語る人は少なくない。が、ここまで気付いてもらえたならば、京都の喫茶店で働いていた私はうれしい。ひとつひとつの工程、道具を決しておろそかにしない、手を抜かない。大真面目にやる。お客のほうも、その生真面目さを受けとめ、大事にしてくれる。それだから〈「文化」にもってゆく〉ことができたのだ。

〈昼の「月と六ペンス」も、このコーヒー五席だけの「直珈琲」も、若い人が自分の美学をもって「値段の安い、敷居の高い店」(渡辺さん ※木村注『直珈琲』店主)を始めているのは京都らしいと感じる〉

そうそう、そういうところに京都の〈文化〉があるのだ。

喫茶店に太田さんがよく立ち寄ったのは、お酒ではなくあくまでもコーヒーを目的に、朝の目覚まし、あるいは酒場巡りの句読点として、とみえる。たしかに、上手く休み休み飲まないといけない道中である。

お酒のことを書く仕事は楽ではない、と知っている。

ゆったりと夜にたゆたいながら、楽しみながら書けるような、そんなイメージを抱かれがちではあるものの、いったん「仕事」としてしまえば、そこにはどんな仕事にもつきものの、責任やめんどうくささがもれなくつきまといはじめるのだ。お酒に飲まれて足をすくわれては、仕事にならない。

素面のときでも店主に訊ねれば知れること、例えば、どこで仕入れた魚をどう調理しているか、そんなことばかりを書き連ねるだけだったら、わざわざ飲む意味などない。

飲む楽しさ、酒場のざわめきを体で受けとめ、受け入れながら、その過程をきっちり記録、記憶する。突き詰めていけば〈いちばんよいのは何も話さず一人でただ酒場に浸っている時だ〉という姿勢でないと、酒場をほんとうにぴたりとした文章でとらえることはできないと思う。連れに気を使っているあいだにも、きっちり頭に刻み込んだはずのその店の印象の輪郭は、たやすくぼやけていってしまう。

体が丈夫でないと、頭がしっかりしていないと、それをコントロールできる意志の力がないと、いけない。文章か、自身の体か、どちらかが先に崩れてしまう。

〈居酒屋探訪の旅に出ると開店の五時から飲み始め、ホテルに帰るのはだいたい十二時、遅ければ一時。およそ七時間は外で酒を飲んでいる。一日の労働は八時間が標準というが、それくらいは働いていることになる。〈心身ともにへとへとになって深夜もどると素早く服を脱ぎ、手足を洗い歯を磨き、ウコンと胃薬を飲み、およそ十分後にはベッドにバタンで即睡眠。風呂は翌朝だ〉

食べものを出すお店についてきっちり書くための舞台裏としては、相当にリアルなくだりだ。そう、ハードな仕事なのだ、実は。

おおた・かずひこ（一九四六― ）居酒屋探訪家。北京で生まれ、長野県で育つ。一九六八年から八九年まで資生堂アートディレクター、八九年アマゾンデザイン設立、〇〇年から〇七年東北芸術工科大学教授。アートディレクションでの受賞多数。本業の傍ら居酒屋、旅などの著作多数。『ひとり飲む、京都』は二〇一一年、マガジンハウス刊。

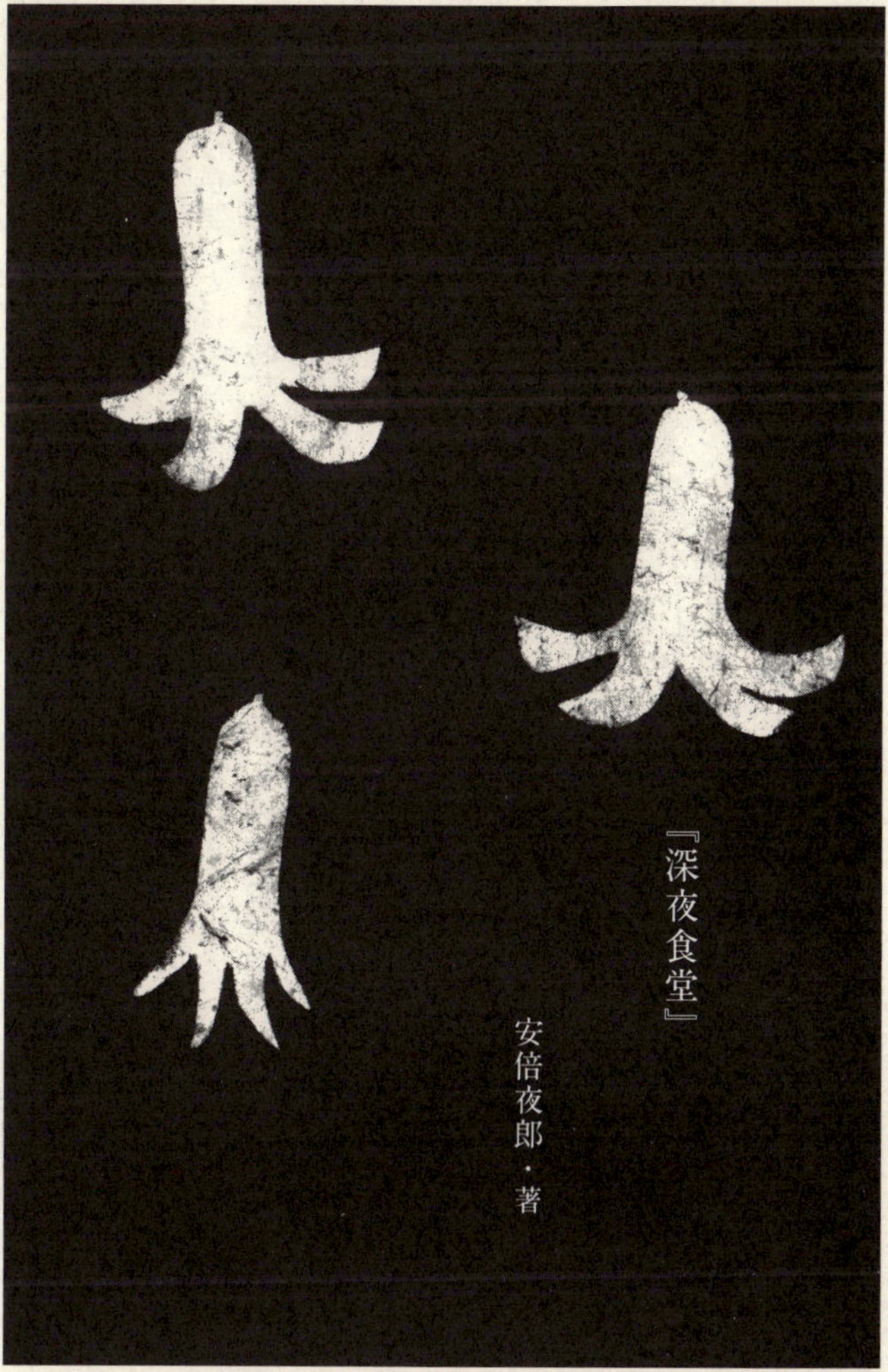
『深夜食堂』
安倍夜郎・著

〈深夜食堂〉とは、この漫画の中にしか存在しない店である。〈営業時間は夜12時から朝7時頃まで。人は「深夜食堂」って言ってるよ〉との主の台詞から、お話は始まる。

〈メニューはこれだけ。豚汁定食　六百円　ビール（大）　六百円　酒（二合）　五百円　焼酎（一杯）　四百円　酒類はお一人様三本（三杯）まで　あとは勝手に注文してくれりゃあ、できるもんなら作るよ、ってぇのがオレの営業方針さ〉

この食堂を舞台にした短いお話が、幾つも積み重ねられていく。一話一話は、一皿のおかずや常連客を介して絡み合うこともあり、そうでないこともある。目下、二週に一度刊行される漫画雑誌に連載されている最中なので、独立しているとみえるお話も、そのうちどれかと絡まるのかもしれない。

この漫画が置かれている居酒屋でお酒を飲んだことがある。その他には本は一冊もなかったから、主は〈深夜食堂〉に憧れているのだろうと想像した。しかしその店に〈深夜食堂〉らしさはそれほど見つからない、というのが、私の印象だった。反対に、

〈深夜食堂〉みたいだなあとたしかに思える店も存在している。では、それはどんな店か。


ざわざわしているけれど、うるさくない。

主は、ぶっきらぼうでもなければ、べたべたしてもこない。

席は、カウンターのみ。

気付けば見ず知らずのひとり客同士で話し込んでしまっている。

目が覚めるほどおいしいものが出てくるわけではないけれど、後から思い出して、また食べたくなる。

食べればなにかしら、懐かしい記憶がよみがえる。

親しくなった人を連れて行きたくなる。


もちろん、全てにおいて〈深夜食堂〉と同じ店なんてない。あったらあったで、少々気味が悪いだろう。でも〈深夜食堂〉みたいだなと思わせられるということは、この店いいな、そう思ったのと同じことなのである。

阿佐ヶ谷でひとり暮らしをしていたとき、駅前の本屋で、表紙だけ見てぱっと買った漫画だった。一読して、ずいぶん昔風の絵柄で、ちょっと気恥ずかしくなるくらいの人情話が多いなあという感想を持ち、ひと月かふた月、本棚に放っておいた。私は漫画に夢中になると、続けて五度も六度も読み返す癖があるから、まあ、そのときはそれほどぴんと来なかったのだ。

だけど、ふと気にかかり、読み返してみて、古めかしいが、古臭くはない、そう思い直した。はまりこんでじっとり読みふける、という質のものではなく、その都度、さらさらと読めて、飽きないと。

絵柄についていえば、主やお客など、人の顔は、浮かべる表情がすぐに読み取れるような、簡潔な線で描かれている。対して食べものは、みっちり緻密に描き込まれる。米粒一粒の輪郭をきっちり描くのだ。その線に沿うように、一皿のおかずの上には、必ず誰かの思い入れ、思い出も一緒にのっかっている、そのことがひたすら描かれる漫画なのだ。

〈深夜食堂〉は東京の新宿にあるようだ。しかし街の風景についてはそれほどつぶさには描かれない。だから、盛り場のほうに気持ちが引っ張られることなく、食堂の中でゆっくりしていられる。

その食堂では、高校の同級生、双子の兄弟、憧れの声優、姉の元恋人などなどと、ばったり出会うことが多々ある。ちょっとご都合主義が過ぎるようなお話も混じるのだけれど、新宿だからあり得るのだということで納得する。縁を、ねじ伏せて引き寄せるような力が、雑多でごたごたした新宿は持っている。それに、日本一大きな駅と、背の高いビルが林立するその街で、あえて、ビルの谷間にあって、人が眠る時間に灯りを点す〈深夜食堂〉の暖簾をくぐる者同士だから、ふと再会できるときもあり得るのだ。

その暖簾には〈めしや〉とある。加えて、赤提灯には〈めし〉とある。お酒だけ飲んで帰るお客が居ても、あくまでも〈深夜食堂〉は「食堂」だ。あるいは、そんなお客が居てもいい、というのが「食堂」なのかもしれない。

食堂の主役は〈めし〉、そう、お米である。

お米が主役のお話を書き出してみると〈きのうのカレー〉〈猫まんま〉〈カツ丼〉〈お茶漬け〉〈うなぎのタレ〉〈オムライス〉〈ふりかけ三食パック〉、まだまだある。〈炒めごはん〉では、神戸から来たおばちゃん四人組が口々に、チャーハン、チキンライス、ドライカレー、海老ピラフと注文をし、食べながら〈まあまあやな〉〈せやな〉〈まずくもないけど特別おいしくもないな〉と、ぶしつけに感想を述べる。

初めて来た女ひとり客が頼んだ〈ビーフストロガノフ〉は、主がささっと作れるものではなかったらしく、普段はかけない眼鏡を取り出して、料理の本を参照しながら作られる。〈どうだい?〉と問われた女は〈まあまあ〉と答える。それでも気を悪くした風もない主であり、しれっとまた来て同じものを注文するお客が居る。

このふたつのお話〈炒めごはん〉と〈ビーフストロガノフ〉の、お話の軸ともならない二、三コマにちりばめられた〈まあまあ〉との台詞は、派手ではない、けれどじわじわしみてくる〈深夜食堂〉のよさを、映している。

あべ・やろう　漫画家。高知県四万十市出身。広告代理店勤務を経て二〇〇三年、『山本耳かき店』で小学館新人コミック大賞を受賞してデビュー。〇六年からビッグコミックオリジナルにて、『深夜食堂』（第一巻は〇七年　小学館刊）を不定期連載。〇九年にはドラマ化され、一〇年には小学館漫画賞、日本漫画家協会賞を受賞。

『大衆食堂パラダイス!』

遠藤哲夫・著

この『もの食う本』のためにずいぶん沢山の食べものの本を読んだつもりだったが、読んでいてこんなにおなかがすく本はあったかなといぶかしむ。おいしそう、などということもすっとばして、とにかく「はらへる本」だ。

遠藤哲夫、通称エンテツさんと知り合ったのは五年前、三ノ輪の居酒屋にて、だった。それ以来、この本でもふれられている鶯谷『信濃路』や大宮の『いづみや』で飲んだり、八戸のバーで飲んだり、大阪は天満商店街で飲んだり、すっかり飲み友達となっている。

エンテツさんは私の父と同い年、一九四三年生まれだ。新潟は六日町（現・南魚沼市）で十八歳まで暮らす。それから東京へ出てきた。この本の中で、彼は折にふれ、自らの来歴を振り返り、かみしめている。そのことを切り離したところで食べものの話をすることはできないし、したところで甲斐がないからだ。

大衆食堂の風景を文章で描いたスケッチと、食堂論から成る『大衆食堂パラダイス！』は〈望郷食〉についての短いエッセイをずらりと並べるところから始まる。

〈塩ジャケの皮〉〈冷しみかん〉〈ニギリメシ二題〉など、新潟にまるで縁のなかった人もほのぼのと読めるはずの文章だ。

新潟の記憶に刻まれる〈ぜんまい煮〉を、上京して間もなかったエンテツさんは、新宿のしょんべん横丁にあった大衆食堂で食べたという。それを皮切りに、数多の食堂の風景を描き、歴史を紐解いていく。風景にしても歴史にしても、エンテツさんが軸としているのは〈昭和三十年代にして一九六〇年代であるところの大衆食堂〉である。その〈片鱗でもよい、留めているところ。そのたたずまいや、空間や、メニューやおかず、あるいはひと。これら全部が、いってみれば「めし」〉と書く。食堂を、おいしい、まずいで選り分けない。お皿の上にのっかっている食べものそのもののみが〈めし〉ではないのだ。エンテツさんは、全身を使って〈めし〉を食う。貪欲だ。私も、そうありたい。

〈昭和三十年代にして一九六〇年代〉は、エンテツさんが上京したその頃でもある。彼個人の思い出深い季節と、大衆食堂の数が多く、そこへ通うお客も熱をいっぱいに発散していた頃は重なり合っていると、彼は考えている。

東京に夢をみよう、みせようという気運が最高潮に達した時代、東京にて大衆食堂を営むほうも〈上京者〉であることも多く、そこに来るお客ももちろんそうだ。だから、食堂は、小さく濃密な〈ふるさと〉を映した場所にもなる。しかし、エンテツさんを初めとする〈上京者〉が故郷を振り返ったとき、もはや元の姿はない。

押上の『いこい食堂』にて、エンテツさんは、アジフライ定食を注文する。添えられていた目玉焼きをごはんの上に載せて、目玉焼き丼に仕立てる。アジフライには醤油をかけて食べる。

〈あとで気がついたら、カウンターの上には、オリバーソースなるものがあった。これ、神戸のローカルのソース、それがこの東京のローカルな食堂にある。「なぜ」と聞いたら「お客さんがこれがよいというもので」と。ここを「ふるさと化」しようという客がいるらしい〉

エンテツさんが、新潟から東京へ出てきた、というところをもう一度振り返ってみる。新潟は、東京からそう離れていない。東と西、どちらかといえば、新潟も東の仲間に入るだろうと思われる。ふたつの土地のあいだに、どうしようもない味覚の断絶が存在しなかったことが、エンテツさんが歩む、大衆食堂研究への道のりを、比較的なだらかにしているように思える。オリバーソースを持ち込むほどに、東京の食堂の首根っこをぐいっとつかんで自身のほうへ引き寄せるようなことをしなくても、ぜんまい煮に導かれ、すいっと食堂へ入ってゆけた。

その神戸、隣の大阪、はたまた北九州などなど、あちこちの大衆食堂の風景が描かれるが、しかしやはり、彼の文章のスケッチが最もいきいきとした線を描くのは、新潟を離れてから五十年のあいだ観察をしてきた、東京の食堂の風景なのだ。

例えば、平井にあった『福住』という〈本物の黄色いカレーライス〉を出す、女主人がひとりで切り盛りしていた小さな食堂を描く。

〈ある日、輪切り大根の味噌煮をすすめられた。ダシのきいた汁をたっぷり吸い込んだ大根だった。「うまい」というと、「そうでしょ、これはね、ちょうど鰹節を切らしていたから、シーチキンの缶詰を入れてやってみたのよ」といった。そのへんが、彼女の料理の才能なのだなと思った〉

あるお店のよさについて書くときは、よくも悪くもその店にこびりついた、こだわり、というものを探し出してそれのみを褒めるほうが簡単だ。でも、エンテツさんは、主の臨機応変ぶりを〈本物のカレーライス〉はどんなものか描くときと同じくらいの熱をもって、褒める。

『福住』は再開発のせいで一九九七年に閉店することとなる。主はそのとき七十二歳になっていた。

〈解体がウワサになってから福住を訪ねる客人が増えた。こういうところがなくなるのは、こんなにいい人たちがいなくなるのは「さみしいね」「惜しい」「残念だ」と、みな同じことを言う。それを聞いた近所の常連おばさんが言った。「そんならもっと来てくれたら、こんなことにならなかったかもしれないのにさ、もう遅いのよ」

今はもうない食堂の思い出を〈「さみしいね」「惜しい」「残念だ」〉という種の言葉を使って書くのは、安直に情をかけてみせることは、たやすい。『大衆食堂パラダイス！』は、懐古趣味におぼれっぱなしの、昔はよかったよかったと言いつのる類のものではない。エンテツさんの文体の軽妙さ、読後にべたべたした手跡など残さないという個性、そのせいもある。

しばしば、懐かしさを存分に含んだ場所そして食べものについて書かれた文章は、温かさを描くとき、べったりした感触を残す言葉を使う。『大衆食堂パラダイス！』は、べたべたしていないのに、温みを感じられる。そういう本は、なかなかない。

〈言い方は悪いが、なるべく「食べる」だけに絞った、簡素な即物的空間こそが、大衆食堂的であるといえる。だから、街場の空気や、ひとの気配やあったかさなどが、大店のビューティフルな内装や接客といった装置にコントロールされることなく、自由に息づいている〉

エンテツさんの文体そのものが〈大衆食堂的〉なのかもしれない、と、気が付いた。

えんどう・てつお（一九四三―　）フリーライター。新潟県六日町（現・南魚沼市）出身。「大衆食堂の詩人」と言われる。美食も粗食も清貧もふみこえて、庶民の快食を追求。著書に『大衆食堂の研究』『汁かけめし快食學』『みんなの大衆めし』（瀬尾幸子との共著二〇一〇年　小学館刊）などがある。『大衆食堂パラダイス！』は二〇一一年、ちくま文庫。

『行きつけの店』
山口瞳・著

『行きつけの店』は、タイトルどおり、山口瞳がそこに通い、よくよく見知っている日本中のあちこちの店について書かれたエッセイ集だ。

この本を手元に置いて十年になる。間をおきながら幾度も読み返す。そうそう、と、胸中で相槌を打つのは、どの店ではなにがおいしいか、というくだりではないのだった。どれも食べものを扱う店のはずなのに。

山口瞳は、東京生まれ、東京育ちで、六十八年の生涯のほとんどを東京で暮らした。本文中でとりあげられる「行きつけの店」は二十三軒で、そのうちの十軒が東京の店だ。その中でも、山口瞳が三十八歳から亡くなるまでずっと住み続けた国立の店を描くページには、他よりも熱心に繰ったとみえる指の跡が残っている。国立の喫茶店『ロージナ茶房』によせて、彼はこう書く。

〈寿司屋とソバ屋と、酒場（私の場合は赤提灯だが）と喫茶店、これを一軒ずつ知っていれば、あとはもういらない。駅のそばに、気楽に無駄話のできる喫茶店があるというのは、とても嬉しいことだ。いや、もし、そういうものがなかったとするならば、

その町に住んでいるとは言えない。私はそんなふうに考えている〉

ずいぶん当たり前のことに聞こえる。けれど、とても大事なことだ。こういう考えを胸の内に持っている人を、信頼したい。

『行きつけの店』を初めて読んだとき、私は京都に住んでいた。〈駅のそば〉の〈気楽に無駄話のできる喫茶店〉でウェイトレスをしていた。この本は、今はなき河原町三条の『駸々堂』で買った、というのをおぼえている。そこは喫茶店に出勤する前に立ち寄る本屋のひとつだった。

この本には京都の店は二軒載っている。祇園の〈一膳飯屋〉である『山ふく』を描いた文章をしめくくって山口瞳はこう書く。

〈京都へ行けば二鶴に泊り、山ふくで食べ、サンボアで飲む。山ふくからサンボアまで、感じで言うと百五十メートルぐらいのものであろうか。だから、活字で〝小京都〟という文字を見ると笑ってしまう。私にとっての京都は、そもそもが、とてもとても小さいのである〉

こういう風に京都をとらえる旅行者も居るのだなあと、ただ感心した。観光地である京都に暮らしてみると、最初は自分も客の気持ちではしゃいでいるが、だんだん、はしゃぎ疲れ、よその人のはしゃぎっぷりがうとましくもなってくる。京都じゅうを縦横無尽に急ぎ足でみて回る、大雑把な観光のなにが楽しいんだろうと思った。だから、京都の街なかに落ち着ける一角を自分なりに切り取って、その中で静かに楽しむ、こんな旅行者が居ることに驚いた。今、彼の年譜をみてみれば『行きつけの店』は亡くなる二年前の作で、晩年といえる境地の彼の思いに寄り添おうとしていた私はまだ二十五歳かそこらだったのだけれど。

松江の宿『皆美館《みなみかん》』に寄せて山口瞳は、やっぱり同じようなことを、また別の言い回しで書く。

〈いったいに、私は、地方都市に限らず東京でも、ここと決めたら店を変えない。だから多くの店を知ることはないが、どこの店とも親類づきあいのようになってしまう。その一軒が皆美館である。目になじんでいる風景を眺め、同じ社《やしろ》にお参りして、同じ旅館の同じ部屋で同じものを食べ、それで至極満足して東京へ帰ってくるのである〉

『皆美館』の鯛めしの味よりも、名高い誰それが泊まったことよりも、このくだりで、ああ、いいところなんだな、そう分かって、山口瞳の旅はいいなあ、と、うらやましくなるのだった。

馴染む、それを山口瞳は大事にしている。それは土地と馴染むことでもあり、また、そこに住む人と馴染むことだ。おいしいものを出すからその店へ行く、というよりは、その店の人にすすめてもらうものこそがおいしかったにちがいない。

十年前に『行きつけの店』を手にとったのは、京都の喫茶店の本を書くため、なにか参考になるかもという気になったからだった。それ以来、どんなお店について書くときも、どうしても「店と私との関係」を軸にしてしまうようになったのはこの本のせいである。そのため、私の仕事は狭くなったともいえる、が、それでよかったとも、正直思っている。

あとがきにあるこの断り書きにも、ずいぶん、私は縛られている。

〈私の読者なら、なぜ国立の繁寿司が登場してこないのかと不思議に思うかもしれない。私自身、とても残念に思っているが、繁寿司の人は家族の誰もが写真を撮られたり記事を書かれたりするのが大嫌いなのである。私は、こういう原稿は無理を通して書くという性質のものではないと思っているので、ひきさがることにした〉

取材拒否の店を口説き落とす、などというのは、ときに格好いいと見なされもするが、私は山口瞳の立っている側に付きたい。実際に存在して毎日お客を迎えるお店よりも、そのお店について書いた文章のほうが偉いなんてはずもないのだし。

やまぐち・ひとみ（一九二六—九五）作家、エッセイスト。東京都出身。出版社勤務を経て一九五八年寿屋（現・サントリー）宣伝部に入り、『洋酒天国』の編集者・コピーライターとして活躍。六二年『江分利満氏の優雅な生活』で直木賞受賞。七九年『血族』で菊池寛賞受賞。『行きつけの店』は九三年、ＴＢＳブリタニカ刊、〇〇年新潮文庫に収録。

『私の食物誌』
吉田健一・著

『私の食物誌』は、二十三、四歳の頃に買った。古本というものに興味を持ちはじめ、狭い店の中にみっちり本の詰まった古書店で、一度誰かのものになったことのある本が発するあの独特の匂いを嗅ぎながらおずおずと買い物をし始めた頃だった。当時は、そういう店でしか入手できなかった。今では、中公文庫の一冊として、いつでも買える。

目次には、メイド・イン・ジャパンの食べものの名前がずらりと並んでいる。数えたらちょうど百、だった。〈長浜の鴨〉に始まり〈日本の米〉に終わるそれらを題材にした百のエッセイは全て、きっちり原稿用紙二枚半の文章にまとめられている。読むのにそんなに時間もかからない短さのはずなのに、ずいぶんたっぷりしたものを読んだ気になるから不思議だ。

幾篇か、もう少し長めの、同じく食べものについてのエッセイも収められているのだが、いつも読み返してみるまでは百のエッセイのみで編まれたきっぱりした本だと思いこんでいる。そんなわけで、それについてのみの感想を書きたい。

百の食べものは、吉田健一が暮らしている東京のもの、旅した先のどこかで食べたもの、あるいはその土地に縁があって送ってもらったもの、その中から選られている。どれも、にせものでない。作られた土地の風土をくっきり映して素晴らしい。そして、今、一体なにを食べているのか分からなくなるくらいにおいしい。

吉田健一は、例えば〈薩摩のかるかん〉についてこう書く。

〈何か食べているということとそれがどこか甘いということの他に何もない菓子という菓子の一つの理想型がこのかるかんにある。或はそれでは少し言い足りなくて、そのねっとりしている所が如何にも糧という感じがし、その原料の山芋というのがもともと甘くなくもないものなのだからかるかんの甘さはそれをただ少しばかり増しただけで邪魔にならず、一番強いのが何か食べているという満足した気持であってこのような菓子を他に知らない〉

このかるかんがなんという店で売られていて、値段は幾ら、とまではこちらに知らせない。だから、彼が食べたのと寸分違わぬ味を買いに行こう、などとうかうか浮かれて出かけることはできない。

さらに、一緒に食べた人、作ってくれた人の名前もはっきり書くことはしない。そういった事柄をちりばめるのが親切な文章である、とは彼はちっとも思っていないにちがいない。そのおかげで、その食べものを商う人たちのほうばかりを余計に気にかけて書き添えたような遠慮やお世辞を読まされないことは、読んでいるこちらにとっては幸せだ。

ただ、おいしさの印象を、心を砕いて真摯に書く。

〈この魚に就てははっきり言えることはこれを旨いと思う時に必ず何か氷を食べている感じがすることである。勿論ただの氷ならば何の味もするものではない。併しもし日光がそのまま凍るということがあったらどうだろうか。殊にそれが清水に差している日光だったらばである。それが鰹の味に思われて来る〉

知識に頼らず、印象のみを口の中でとことん転がして書いている。食べる際に耳にした事柄について、あとから文献などあたってみて調べて書くことは、この百のエッセイの上では彼はしない。意地悪な目で見れば、詳しく調べるのを、伝えるのをさぼっている、ともいえるだろう。さりながら、調べた知識を並べて誇るよりも、まずは口に入れてみなければなにも始まらないと知らされるのもほんとうである。

吉田健一は、生まれも育ちも東京の人だ。東京で覚えた味が軸になっていて揺るがない。余所の土地の味は馴染みがないから受け入れられなかった、という狭量さを隠すためにけなしてみるような格好悪いことはしない。それでいながら、あくまでも余所は余所、なる一線は引いたままにしておく。

彼のそういう姿勢がものすごく好きだ。

吉田健一の文章には、書き出しに、助走や準備運動にあたる部分がまるでない。いきなり全力疾走だ。句読点はもう息継ぎを我慢できないぎりぎりまで打たれないし、とことんくねくねしているし、ついていくのが難儀だと思われるかもしれない。でも、それを必死に、夢中になって追いかけていくのが、彼の文章を読む醍醐味である。

以前、付き合っていた人と、一緒にそれを追いかけていた時期があった。吉田健一の文章を読めば、その人の姿も頭の中によみがえる。とはいえ、互いに吉田健一が好きだからと付き合いはじめたわけではもちろん、ない。たしか私が貸したのだったか。追い始めたきっかけは、忘れてしまった。

吉田健一が書く風景を探すように、彼が描くのに少しでも近いように思える居酒屋やビアホールに入って、お酒を飲みながら喋って、身近の他愛もない話が尽きると「吉田健一のね……」と、ふと、切り出していた。敬称も、愛称も付けずに、そういえばフルネームで呼んでいた。もう十年近く前のことだ。

それから今までのあいだにも、新たに口にした食べものが幾つもあると、『私の食物誌』を読み返せば、気が付く。あちこちへ旅してなにかを食べてきた思い出が、くっきり浮かび上がる。身の上に起こった、他のどんな出来事を振り返るよりも、それは生々しく、信じられる指標に思える。時間が経ったんだなあと思う。

そんな感慨を幾重にもまとってから初めて、その本は真実に、自分の本、自分の持ち物になるのかもしれないと言い切るのは、大げさか。

よしだ・けんいち（一九一二―七七）英文学者、小説家、随筆家。東京都出身。吉田茂元首相の長男、母親は内大臣牧野伸顕の娘で、大久保利通の曾孫にあたる。ケンブリッジ大学で学び、ヴァレリー、ロレンス等、英仏にわたる翻訳、文芸批評、小説などの作品を著した。『私の食物誌』は一九七二年中央公論社刊。七五年中公文庫に収録。

『土を喰う日々』
水上勉・著

私の生まれ故郷である栃木の地卵を売っている店が、住処から歩いてゆけるところにある。その卵はたいへんおいしいので、しばしば買いに行く。卵と並んで栃木の野菜もある。しかし、そちらのほうはなるべく見ないようにして卵を買う。その野菜はいわゆる「泥付き野菜」だ。畑から抜いてそのままですよ、という証しのはずが、東京の街なかに運ばれてくるまでにはもう泥はぱさぱさに乾いてしまって、生々しさや勢いのしるしとは見えなくなっている。ビニール袋をかぶせられた人参や菜っ葉は、ただ埃っぽいだけとしか目に映らないのが、さみしい。

『土を喰う日々』は、湿った、黒くて生々しい土に触れるところからはじまる料理の本だ。

この本のタイトルは、以前から目にしていたが、ずっと手に取らずにいた。〈土を喰う〉という言葉から、地べたを這いずりまわるような苦しい暮らしの記録を想像したのだった。あらためて読んでみれば全くそんな話ではないのだった。

土に育まれた葉や実を工夫を凝らして食べる日々を、十二カ月にわたって記録した本である。

〈何もない台所から絞り出すことが精進だといったが、これは、つまり、いまのように、店頭へゆけば、何もかもが揃う時代とちがって、畑と相談してからきめられるものだった。ぼくが、精進料理とは、土を喰うものだと思ったのは、そのせいである。旬を喰うこととはつまり土を喰うことだろう〉

京都の禅寺で過ごした少年時代の記憶と、それを思い出す水上勉の五十代の台所とが半々に書かれている。

〈台所のよこにある、わずか、三畝ばかりの畑は典座《てんぞ》にとっては生命線といえる〉と彼は回想する。〈典座〉とはなんだろうか、この本を読むまでは知らなかった。禅寺で、まかないを引き受ける役目のこと、だという。畑を耕し、守るところからすでに典座の仕事は、料理ははじまっている。〈生命線〉が台所のかたわらにあるということ、それはなんともまっとうだ。生命線は、棚の上でも、籠の中でもなく、土の上に見えるのだ。

〈高野豆腐にまぶした春菊か、なずなの葉のあえもの〉〈薯《いも》をすったサラダ〉〈こんにゃくの山椒焼き〉などなどの作りかたは、読んでいるこちらにも分かりやすく作りやすいように、細かにたどられる。どれも肉、魚とは無縁だ。脂は胡麻、胡桃や落花生から得るのだ。滋味はあろうが、地味でもある。この本には、ひと品ひと品を皿に盛ったところ、包丁を持つ水上勉の姿などの写真もはさまれていて、その全てはモノクロであるため、なおさら地味なものとして目に映るが、精一杯の工夫を凝らす料理の面白さはじゅうぶんに見出せる。精一杯、そこにはそういえば「精進」にあるのと同じ文字がみえる。

水上勉は、少年時代の記憶、もっと幼い頃の、故郷、若狭の祖母の記憶をもってそれらをこしらえる。

京都の北、等持院にて修業のひとつとしておぼえた煮炊きの仕方は、材料の選びかたからして、きわめてつつましい決まりごとの中にある。

〈一草も無駄にするな。いい材料がきても、ほくほく顔をするな。牛乳があったって、うれしがるな。物によって心をかえてはならぬ、人をみてことばをかえるようなものだ、と戒められるところに関心をふかめる〉

その決まりごとからはみ出さず、限られた材料をいかに扱うか工夫を凝らすことを、水上勉はゆったりと楽しんでいる。少年時代には、そんな余裕をもてはしなかっただろう。必死になって幼い体に染みこませたやりかた、考えかたが、彼ののちの台所を豊かにした。さらに、ずうっと禅寺の内に身を置き続けたわけではないことが、素直に、昔の味を懐かしめる心持ちに彼を導いているだろう。

作りかた、食べかたについて書かれた箇所をたどると、しばしば見つかる言い回しがある。〈まぶす〉だ。

例を挙げれば、山椒の話では〈すり鉢に入れてよくすりこんでおいてから白味噌を入れて、まぶしするのである〉とある。あまり他では聞かない言い回しだ。あるいは、短冊切りのたけのこと生姜を炒めて〈めしにまぶせば何杯喰えるかきりがない〉とある、これは単純においしそう。そして梅干しの話では、こう書く。

〈梅にも醍醐味があって、その味は、ぼくという人間が、梅にからんで生きてきているからである。ドライブインの量産梅干を買って、それでめしを喰っても充分うまいけれど、手づくり梅には、手をつくすだけの自分の歴史が、そこにまぶれついている。それを客に味読してもらうのである〉

水上勉は〈まぶす〉という言葉を、台所、食卓を飛びこえて、記憶の中、胸のうちにも縦横に使う。〈自分の歴史が、そこにまぶれついている〉というひとことは「歴史が刻まれている」などというありがちな言い回しよりもはるかに、しみじみ聞こえやしないか。

国語辞典で「まぶす」を引けば、ずいぶんせまい意味しか示されていない。「粉状のものを一面になすりつける」なる、愛想も情緒もない一文しか見つからない。でも辞書の上だけが言葉の舞台ではないのだ、もちろん。『土を喰う日々』を読んでからの私には〈まぶす〉は、たっぷりした、豊かな言葉として、耳に響くようになった。

みずかみ・つとむ（一九一九―二〇〇四）小説家。福井県出身。少年時代に禅寺の侍者を体験する。宇野浩二に師事。一九五九年『霧と影』を発表し、本格的な作家活動に入る。六〇年『海の牙』で探偵作家クラブ賞、六一年『雁の寺』で直木賞、七一年『宇野浩二伝』で菊池寛賞等。『土を喰う日々――わが精進十二カ月』は七八年文化出版局刊、八二年新潮文庫収録。

『銀河鉄道の夜』
宮澤賢治・著

宮澤賢治がその人生のほとんどの時間を過ごしたのは北国、岩手だ。好きな物語があっても、その舞台となった、そのお話が書かれた土地というのを積極的に訪ね歩くことはあまりしない私だ。誘われたならば行こうかなあ、それくらいの姿勢でいる。

けれど岩手には、行ってよかったと思えた。賢治の書いた風景はほんとうにあるのだ、そう無心に感心できたのだ。目にし、そこに身を置いた風景をそのまままるのままスケッチしたと思しきお話、詩も多々ある。北国のいちばん過ごしやすい季節、そこに住む人が最もくつろげる季節の風景が、美しい物語に昇華されているのが『銀河鉄道の夜』だ。

『銀河鉄道の夜』を書く以前、賢治が生きているあいだに唯一刊行された童話集『注文の多い料理店』の巻頭に掲げられた文章には〈ほんとう〉という言葉が、見事に印象的にはめこまれている。

〈わたくしは、これらのちいさなものがたりの幾きれかが、おしまい、あなたのすき

とおったほんとうのたべものになることを、どんなにねがうかわかりません〉

きらきらして寂しい物語『銀河鉄道の夜』を読み終えた後に忘れられない言葉も〈ほんとう〉である。

寂しいのは主人公の少年、ジョバンニの心で、きらきらしているのは、銀河鉄道での旅だ。

このお話に流れる時間は〈星祭〉の一日で、ジョバンニが暮らす町はそのためにわくわくとざわめいている。町の皆にとっては、この日は、今日の町は、目一杯に光っている。しかし日々の生活の暗さから離れられないでいるジョバンニの気持ちは、お祭りの灯にも浮き立たない。

ジョバンニは町外れの丘の上でひとり寝そべって、夢をみる。夢の中で、汽車に乗って旅をする。ひとりでみる夢の中でも、旅の連れ合いはちゃんといる。幼なじみの、友達だ。しかし、この頃はあまり親しく行き来もできていなかったその少年、カムパネルラと、ジョバンニは向かい合わせに腰掛けて、汽車に揺られている。車窓からのぞける見事な景色に、共に歓声をあげる。

夢の時間と現実世界のあいだにきっぱり一線を引きながらこのお話を読んだところで、ちっとも面白くない。どちらで起こった出来事も、きっと〈ほんとう〉であるからだ。

けれど、銀河鉄道の旅の道中で食べられるものには、車窓から眺める景色よりも、車中で会う人の誰よりも、夢らしさがあらわれているというのも〈ほんとう〉だと思う。

食べられるもの、そのひとつは、捕まえればお菓子に変わる水鳥だ。

鳥を捕ることを生業とする人が千切って分けてくれた〈なにかのあかりのようにひかる雁〉の足の部分を、ジョバンニは〈ぽくぽく〉と食べる。

食べながら〈チョコレートよりも、もっとおいしいけれども、こんな雁が飛んでいるもんか。この男は、どこかそこらの野原の菓子屋だ。けれどもぼくは、このひとをばかにしながら、この人のお菓子をたべているのは、大へん気の毒だ〉などと胸中で呟くも〈もっとたべたかった〉ともジョバンニは思う。

お菓子の味のする鳥、ではなくて、鳥のかたちをしたお菓子のように読める。空を飛ぶ姿も描かれるけれど、捕まえられないうちに地面に降りれば、砂の上に溶けてしまう、血の流れない鳥だ。

鳥を捕る人とちょうど入れ代わるようにして乗りこんできた人は〈苹果《りんご》の匂《におい》〉を連れてくる。〈黄金《きん》と紅でうつくしくいろどられた大きな苹果〉とあるからずっしり重そうでいてその実、また、儚い。〈折角剝いたそのきれいな皮も、くるくるコルク抜きのような形になって床へ落ちるまでの間にはすうっと、灰いろに光って蒸発してしまうのでした〉

汽車に乗りこむ前のジョバンニが、旅の供として、楽しさの象徴として空想して、胸を切なくした食べものは、りんごだった。そして、カムパネルラが汽車の中で祈るときも〈頰は、まるで熟した苹果のあかしのようにうつくしくかがやいて見えました〉と描かれている。

その、空想や例えにあらわれるりんごのほうが、実際に剝かれ食べられたはずのりんごよりも、生々しく存在しているように思えもする。

汽車が進んでいくこの先では〈苹果だってお菓子だってかすが少しもありませんからみんなそのひとそのひとによってちがったわずかのいいかおりになって毛あなからちらけてしまうのです〉と乗客のひとりが説明する。

それはさぞかし綺麗だろう。しかし、生々しさ、ぐじゅぐじゅ、べたべたしたところをなくしたもの、それはもはや、食べものではない。

実《じつ》のあるものを食べることはできない、それが夢の中の掟なのだ。

夢から覚めて、いや、汽車からおりてからジョバンニは、その朝に配達されずにいた牛乳をもらいにいく。

〈ジョバンニはまだ熱い乳の瓶を両方のてのひらで包むようにもって牧場の柵を出ました〉

そういえば雁もりんごも、その温度については説明されなかった。現実の世界の熱がこのひと瓶からあふれだしてくるようだ。


ジョバンニは、汽車の旅の終わりにこう言っていた。

〈きっとみんなのほんとうのさいわいをさがしに行く〉

そして、こうも言う。

〈けれどもほんとうのさいわいは一体何だろう〉

ジョバンニもカムパネルラも分からなければ、読んでいるこちらだってそれは分からない。

分からないから、いいのだ。分からないままにしてあるから、こちらに考えるきっかけをくれるから、この『銀河鉄道の夜』はいいお話なのだと思う。そして、もしかしたら、なんだろう、と考えこみたいのは、大切なのは〈さいわい〉ではなくて〈ほんとう〉のほうかもしれない。

みやざわ・けんじ（一八九六—一九三三）詩人、童話作家。岩手県出身。一九二一年より花巻農学校教諭。二四年『春と修羅』を自費出版。二六年、農学校を退職し、羅須地人協会設立、農民の生活向上を目指して奔走。『銀河鉄道の夜』は没後の三四年、文圃堂版全集に収録された。『新編　銀河鉄道の夜』一九八九年、新潮文庫。

『猫と庄造と二人のおんな』
谷崎潤一郎・著

猫は好きだが、飼ってはいない。でも、植木鉢やガムテープなどを目当てに入ったホームセンターで、ずらりと並ぶ猫缶をただ眺めるのは楽しい。いろいろな種類があるのを、ひとつひとつ確かめていく。いかにも、御馳走ですよ、といいたげな金や銀の彩色、缶に刷られた猫の生真面目な表情、それらを眺める時間は愉快なものだ。ただ、猫缶は、猫と飼い主の食卓を交わらせない。ひとつ屋根の下で全く別のものを食べている、という猫との暮らしは、やや味気なくもある。

『猫と庄造と二人のおんな』には、いろいろ食べものが描かれているはずだと手にとって、しかしページを繰り直す前に、それらのほとんどは、タイトルの筆頭に居る「猫」がたいらげてしまうのだったと思い出した。

猫は、綺麗な、老いた雌猫で、リリーという。

お話の初めで、リリーは早速、鯵をもらっている。リリーを溺愛する男、庄造は、自身の酒の肴として用意された〈小鯵の二杯酢〉を、食べさせる。もちろん、そのまま、ではない。

〈「そうれ！」と、鼻の先まで持って行ってから、逆に自分の口の中へ入れる。そして魚に滲みている酢をスッパスッパ吸い取ってやり、堅そうな骨は嚙み砕いてやってから、又もう一遍摘まみ上げて、遠くしたり、近くしたり、高くしたり、低くしたり、いろいろにして見せびらかす〉

『猫と庄造と二人のおんな』に登場する食べものの中でいちばん子細に描かれているのは、この小鯵だ。庄造とリリーの〈いちゃつき〉が最も直截にあらわれる場面で、まさに小鯵は、ぴかぴか光っている。舞台となる、昭和の初めの〈阪神電車の沿線にある町々〉では、とれたての鯵、鰯を売り歩く声が、日に幾度も聞かれたという。このお話の始まりはまだ暑さが残る初秋で、それらの魚はそれほど大きく育っていない。だから〈素焼きにして二杯酢に漬け、苼蕟《しょうが》を刻んだのをかけて、骨ごと食べるより仕方がない〉そうで、しかし〈二人のおんな〉のひとり、庄造の妻の福子は、このおかずを好かない。〈彼女はもっと温かい脂ッこいものが好きなので、こんな冷めたいモソモソしたものを食べさせられては悲しくなると、彼女らしい贅沢を云う〉という。

すっかり小鯵の皿が空になってから、庄造は、福子に責められる。

〈なあ、よう考えて御覧。わて猫みたいなもん相手にして焼餅焼くのんと違いまっせ。けど、鯵の二杯酢わては嫌いや云うのんに、僕好きやよってに拵えてほしい云いなは

ったやろ。そない云うといて、自分ちょっとも食べんとおいといてからに、猫にばっかり遣ってしもて、……〉

そんなような食卓の日常だったら、さぞ庄造の身は細るだろうと思いきや、肥っている、と説明される彼自身がその体型を維持するためになにかしら実のあるものを口にするようなくだりは、ない。

庄造の前妻、品子はおそらく〈冷めたいモソモソしたもの〉を文句を言わずに食べる女だ。妹夫妻宅の二階に間借りして、縫いものをして生計を立てる彼女は、庄造に未練を大いに残しながらも、夫婦として囲んだ食卓の風景を思い出さない。庄造も同居の母も出かけて帰らない日の孤独な食事だけがよみがえる。リリーも、そこに居た。〈一人ぼっちでお茶漬を掻っ込んでいると、その音を聞いてリリーが寄って来る。ああ、そうだった、御飯をやるのを忘れていたが、お腹が減っているのだろうと、さすがに可哀そうになって、残飯の上に出し雑魚を載せてやると、贅沢な食事に馴れているせいか嬉しそうな顔もしないで、ほんの申訳ぐらいしか食べないものだから、つい腹が立って、折角の愛情も消し飛んでしまう〉

そんな風に、品子はリリーを邪険にしがちだった。けれども品子は、おとなしく庄造から身を引いた見返りとして、リリーだけは譲ってくれないかと懇願する手紙を、福子に出す。その手紙は、リリーを手元に置いておけば、きっと庄造が引き寄せられてくるはずという考えを裏に書かれたものだった。庄造に可愛がられ過ぎるリリーをうとましく思う福子にも都合がよかった。〈二人のおんな〉のやきもちと奸計のはざまに、庄造ははまりこみ、リリーを手放す羽目になる。

品子の元へ引き取られていくリリーに、庄造は〈水煮きにしてある鶏の肉〉を用意する。竹の皮で包んで、お弁当のように持たせてやる。活き活きした小鰺に比べれば、素っ気なく描かれていてさみしい。鰺のように、庄造とリリーとで分け合える類のものではなくて、猫のためにのみ用意された食べものだから、そしてリリーがその鶏を食べるとき、庄造はもう傍には居ないのだ。

リリーと庄造のあいだには、幾度も反芻してその度に頬をゆるめるような、きらめくような思い出がある。リリーが初めて子猫を産む日のこと、庄造と離ればなれになっても泥だらけになって遠い道程を戻って来たこと。それが庄造にとってリリーを、特別な猫にしている。

引き取られて間もなく、品子の元からいったんは逃げ出したリリーだった。しかし、庄造のところへ行き着くことができなかったのか、懐いている素振りも見せなかった品子の部屋へ、ある晩、戻ってくる。

それ以来、リリーと品子は〈仲好し〉になる。庄造の猫だったリリーは、すっかり、品子の猫になるのだ。品子は、かつては庄造をあいだに挟んで睨み合っていたはずのあの猫を、無心に可愛がる。毎晩、一緒に布団に包まる時間に、うっとりする。

品子の留守のあいだを狙って、こっそりリリーに会いに来た庄造は、リリーと品子の結び付きを象徴するものを、リリーの餌入れの中に見つける。

〈奇妙なのはあの皿に残っている卵の殻だった。彼女は自分で食い扶持を稼いでいるので、決して楽ではないであろうに、貧しい中でもリリーに滋養分を与えると見える〉

猫の食べものには、その猫と暮らす人の心が映っている。

猫に傾き、猫にかまける幸せのかたちを、奇異なものとして谷崎は書いたのか、果たしてどうだったのか。ずらりと並んだ猫缶とその値段を眺めていると、今では少なくとも、そういう風には読めないのも、ほんとうだ。

たにざき・じゅんいちろう（一八八六―一九六五）小説家。東京都出身。東京帝国大学文学部国文科在学中に第二次『新思潮』を創刊、処女作発表。関東大震災後関西に移り住み、旺盛な執筆活動を行う。『細雪』で毎日出版文化賞、朝日文化賞、一九四九年文化勲章受章。『猫と庄造と二人のおんな』は三六年発表。五一年、新潮文庫に収録。

『東西味くらべ』
谷崎潤一郎・著

東と西の食べものの優劣を決める、そういう趣旨の文章の上で、東に軍配が上がったのを見たことがない。

東と西を比べる、そうはいっても、日本全土を大きく東西に分けて、ではなくて、江戸＝東京と京阪神との戦いが、文章の上には多いとみえる。生まれてこの方、京阪神にずうっと根を張っている人はもちろん、故郷をそちらに持つ人は、幼くして馴染んだ味こそ正しいと押し通す。東生まれの人は、たいした抵抗も試みず、西に平伏するのが常だ。

京阪神側の言い分は概して、こうだ。

まぐろばかり贔屓するのは、品がない。味付けが醬油と砂糖に偏って、繊細さがない。だから東は粗野で、野卑で、野暮だというのだ。つまりは、街の洗練を手に入れていない、まだ手つかずの原野のままだと、言いたいのだろう。

私は生粋の東女であるが、かつて八年を京都に暮らしたあいだに、いい思い出も嫌な思い出も西の街にはまといついて離れず、もう、無邪気に褒めちぎることはできなくなってしまった。

今住む東京で、東京人たちに関わってみれば、彼ら彼女らは、手放しに、西への憧憬を抱いている場合がほとんどで、胸中でこっそり苦々しい思いをしている私だ。

まあ、正直言えば、たしかに西の食べものは旨い。

旨いが、全てが東を凌駕しているわけではない。

旨いものに出合う確率が高い。旨いものを大事にしている人は多い。それは、認めたい。

さりながら西の人が、東の言葉や食べものをいかにも軽んじてみせるのは、地元への愛着もさることながら、目下の「都」である東京へのルサンチマンを隠すためのひとつの手段としてそうしている、とも思えるのだ。

東京は日本橋に生まれながら、関東大震災を機に、三十七歳で阪神間に移り住んで、晩年まで東には帰らなかった谷崎潤一郎の小説『猫と庄造と二人のおんな』の、お話の核心には特段迫らない場面で、庄造のお母さんは、こんなごはんを食べていた。

〈毎朝別に炊いている土鍋の御飯の、お粥のように柔かいのがすっかり冷えてしまったのを茶碗に盛って、塩昆布を載せて食べている母親は、お膳の上へ背を円々とオオ

いかぶさるようにしていた〉

塩昆布。

登場人物の台詞より、地名より、このおかずに私は西の匂いを嗅いだ。

塩昆布も、おぼろ昆布も、とろろ昆布も、北海道から東北から、いい昆布が皆、北前船に積まれて大阪へ届けられたから、作られた。そう、西の味といえば、昆布でとる出汁がその芯を成している。

塩昆布から引き出された興味をもって、谷崎潤一郎のエッセイと小説から食べものについて書かれた部分を切り取り集めた『東西味くらべ』を読んだ。

谷崎は「上方の食いもの」と題したエッセイを、阪神間に居を置いた翌年に書いている。その中に、こうある。

〈僕思うに、元来東京と云う所は食い物のまずい所なのだ。（中略）僕は目下、味噌は仙台から取り寄せ、鰹節はにんべんのを送って貰い、その他の食物はすべて上方で満足している。人間は気に入らないが、食物だけは上方の方がずっと僕の口に合っている〉

味噌、鰹節は、たしかに東の味の柱である。本気で西にかぶれるならば、そこも諦めて、全てを西でまかなってもらいたいところだ。

彼は、それから十年後のエッセイ「東京をおもう」では〈東京の名物に反感と愛着との矛盾した感情を抱いている〉と吐露する。ずうっと西に居るあいだに夢想していた〈鮟鱇鍋〉〈東北の納豆〉〈仙台の辛味噌のオミオツケ、カンモのスジ、馬鹿、柱、シャコ等〉を、東に戻って口にする。されど、いったん食べてしまえば、夢はしぼむ。〈さまざまの珍味が並べられている膳の上の色どりが、久保田君の口真似をすればそう云っても妙にうすら寒くって悲しいのである。元来江戸の「オツな食い物」と云うものが、独逸語でフレッセンと云うペチャペチャ音をさせてたべる動物の食い方、あれで食わなければうまくないものが多い〉

久保田君、とは、俳人・久保田万太郎か。

谷崎は続けて、東の食べものが〈うすら寒くって悲しい〉わけを〈東京が東北の玄関〉だから、東北の影響からだと、分析する。

それを読んでいて、東北に縁持つ私のほうが、悲しくなる。

西の水にいったん洗われた人は、しばしば東北をずいぶん軽んじることが、悲しい。荒々しくも豊かな山菜、きのこなど思い浮かべれば、東北の食べものを遠巻きにしてあなどることはいかにも浅薄にちがいない。とはいえ、谷崎は〈私は嘗て東北に遊んで、モヤシのヌタや、鰰《はたはた》の味噌漬《づけ》や、ナメコの三杯酢に舌鼓を打ったことがあり、今でも折々たべてみたくなる〉とは書いている。しかしそのあとに〈けれども、あの地酒のまずさを想い、それらの食物の東北らしい淋しい色合いを想うと、背筋が寒くなって来て、再び彼の地へ行ってみようと云う気にはなれない〉と続ける。

彼のエッセイの中で最も名高い「陰翳礼讃」でも、漆器の色合いについてしみじみと書かれていることを鑑みると、谷崎は、食卓の色に殊更に注意を払っていたのだ、と、分かる。

おいしそうに書かれている食べものよりも、いかにそのまずさにうんざりさせられたかを嘆く調子の文章のほうが、巧みにみえる。つい、そちらばかりを選ってつまみ読もうとしてしまう。まずさの描かれたくだりのほうが目においしいというのは、妙なものだ。

〈鮫の煮つけなどにしても、上方の人に聞いてみると、あんな物は此方《こっち》では商店のお番菜にも使わぬと云う。私は子供の時分によくあれを食わされた覚えがあるが、あの切り身を東京流の黒い醤油で煮て皿の上へ載せたところは、ちょうど丸太を輪切りにしたように年輪に似た筋があって、何のことはない、木で拵えた土瓶敷があるだろう、

まあ色合いも形もとんとあれにそっくりなのだ。そして骨もない代りには味もソッ気もないものなのだ〉

〈子供の時分によくあれを食わされた〉といえば実は私もそうで、百年近くも隔たりがあっても、北関東の食卓には、鮫の切り身の煮付けがのっかっていた。魚の図鑑をめくると、ネズミザメ、とある。モロ、と呼んでいた。とても楽しみ、とはいえなかったけれど、まんざらでもない、皿に盛られているのを目にするとちょっと顔がほころんでしまうような、おかずだった。

西の〈鯛《たい》、ぐじ、鱧《はも》、鰆《さわら》、鮎《あゆ》〉などに引き比べればたしかに鮫の切り身は寂しい、けれど、食卓の上で、寂しさを愛でることだって時には必要である、そう言い切りたい私は、どこまでも頑固に東女なのだった。

『東西味くらべ』は、一九九八年、角川春樹事務所ランティエ叢書の一冊として刊行。谷崎潤一郎の小説、エッセイの中から、食べ物について書かれた部分を集めた一冊。

『御馳走帖』

内田百閒・著

あまのじゃくなので、あまり盛んに勧められる本は読む気が起こらなくて、しばらくページをめくらず放っておくことがしばしばだ。本に限らず、音楽でも食べものでも、なんでもそうなのだけれど。ずいぶん後になってから、まだ、ためらいながら開いてみると、たしかに、それだけ熱心に勧められただけあって、面白くて、ああ、読まなかったあいだ損していた、と、こっそり惜しがる。内田百閒も、ずいぶん人に勧められたから、長いこと読まずにいた。

ふざけているようで大真面目ともとれる。そのどっちつかずなところが、やっぱりふざけているのでは、という疑念を、読んでいるこちらに与える。人を食ったような文章、それが百閒の魅力である。

とはいえ、切実さが読み取れるのもほんとうだ。

切実に、ふざけているのかもしれない。

いや、根本は、やはり切々と、自身にとってはまっとうと考えられることを書いているのだろうな、と、想像したい。ここまであだこうだ考え込んでしまうというのも、百閒にずいぶんはまりこんでしまっている証拠か。

『御馳走帖』は、随筆集である。

読んでいるこちらのことを慮って、次々に、おいしいものを紹介して行くという類の本ではない。百閒自身がおいしいと考えるものを列挙している、そればかりでもないのである。そもそも、おいしい、という単純な感想さえ、彼はやすやすとはもらさない。毎日毎日、お昼に食べる蕎麦については、こう書く。

〈うまいから、うまいのではなく、うまい、まづいは別として、うまいのである〉

えっ？

〈酒は月桂冠の罎詰、麦酒は恵比須麦酒である。銀座辺りで飲ませる独逸麦酒をうまいと思つた事もなく、麒麟麦酒には味があつて常用に適しない。平生の口と味の変はるのがいけないのだから、特にうまい酒はうまいと云ふ点で私の嗜好に合はなくなる〉

キリンビールには味がある？

読んでいるこちらにはもちろん、エビスにも、キリンそれぞれには味があるように感じられるし、それはたしかだと思うが、百閒の書きたいのは、ただ舌の上にある味については無いだろう。馴染みの味がいい、というところを、その一言では済まさず、自身の感想に最も忠実な言葉を使ってくねくねと書く。

ビールはずうっと愛飲しているといい、ビールの随筆は『御馳走帖』の中に何篇も何篇も見つかる。その味がいちばん克明に描かれているのは〈ひがみ〉という一篇だ。〈凩《こがらし》の吹く晩の冷たい麦酒が咽喉を通つて、おなかの中でほのかに、梅が一輪一輪と咲く趣きで暖かくなつて来る味はひは、夏の麦酒のふやけた口ざはり、又は冷蔵庫で温度を構はずに冷やし過ぎて死んだ魚が棒になつた様な味がするのとは比べものにならない〉

綺麗で鋭い描写をちりばめて、どんな話をするかといえば、夏にビールを飲みたがる人が増えて、自分のところまでまわってこなくなるのではないか、そういう不安を綴る。ビールは相当の無理をしなければ手に入らなかった、戦争の最中の記憶はよっぽど色濃いのだ。その記憶が落とす影もあってか、ビールを描いた作には、切なさの滲むものが多くある。読んでいるこちらが、最も切ない気持ちに満たされるのは、幼時のお父さんの記憶をたどる〈麦酒〉だ。ビールの香りからその記憶は引き出されるのだという。この短い随筆は、百閒のお父さんが楽しみに提げていたビールの瓶が割れるところで終わる。

とはいえ、ビールに過分の思い入れを持っていながら、いつでもどこでもビールがうれしい、というような無邪気な姿勢はとらない。

〈饗応〉というタイトルの作では、ビールを勧められるうっとおしさを描く。

〈きらひではないけれど、飲みたいと思つてゐない時に、先方の思ひつきで飲まされるのは迷惑である。(中略)自分のおなかの中の順序に、外部から干渉されるのが、いやなのである〉

先方の好意を、こちらも好意でもって受けとめられるとは限らない。そういう、言いにくいけれど言いたいことを百閒はすらすらと書いてしまう。

ビールを嫌々飲んでいると、鰻丼が運ばれてくる。さて、どうするか。

〈もてなし方が悪いのでなく、もてなして貰ひたくないのだから、交際上の気合が合はない。むつとした気持で、鰻丼に箸をつけると、因果なことに案外うまかつたりして、一粒も残さず食べてしまつた後では、おなかが苦しくなつて、頭は鬱陶しく、麦酒と一緒にふくれるものだから胸がどきどきし出す〉

うっかりおいしく食べてしまうあたりに隙があって、憎めないなあこの人は、と、読んでいるこちらはにやにやしてしまう。

この本におさめられた七十二篇の随筆のうち〈おからでシヤムパン〉はまだ百閒を

食わず嫌いしていた頃から、タイトルだけは知っていた。高価で大事にされているシャンパンを、安価というよりむしろ値段の付けられない場合すらしばしばのおからを肴に飲んで、対比を面白がる、自身のひとつひねった趣味のよさをひけらかし威張るというだけのお話にちがいないと、読まずに決め込んでいた。たしかにそんな組み合わせを愛でる意外性を柱とした一篇ではあったが、予想とは違うなあ、と、思わされた。百閒は、威張っていなかったのだ。

しかしその〈おからでシャムパン〉には、しれっとこうある。

〈私は食べてよろこんで賞味する方の係で、作る側の手間、手順、面倒は関知する所でない〉

そう告白されれば、自分で台所にも立たない男の食べもの談義なんて、と、突き放したくなりそうなものだが、まあ、それはそれで許そうかと思えるなんて、ちょっと百閒には肩入れし過ぎかもしれない私である。

選り好みの仕方、幼時にさせられた贅沢の数々、あるいは食べ時飲み時のけちの付けようなど、なんてわがままなのだろう、と、読んでいて気持ちがいい。百閒は、誰かよその人のために食べたり飲んだりしているわけではない。あくまでも、自分の内の声に耳を澄ましているだけなのだ。

清々しい程に、自分自身を可愛がることができるのだ。

そんな人、希有である。日向で見事に体をくねり、一心につやつやした毛を舐める猫の姿を見るようだ。しかし歩み寄り、手を伸ばせば、すっと逃げる猫である。

百閒の随筆を読み、浸っていると、随筆より小説が偉いだとか、豊かだとか主張したがる人たちに付き合うなんてことが、いかに無意味か分かる。

うちだ・ひゃっけん（一八八九―一九七一）小説家、随筆家。岡山県出身。東京帝国大学独文科在学中に夏目漱石の知遇を得、芥川龍之介、森田草平などと知りあう。陸軍士官学校、海軍機関学校、法政大学などで教鞭をとる傍ら、小説、随筆を発表。『御馳走帖』は一九四六年刊行、一九六五年に改訂増補版が出た。文庫版はさらに増補編集して七九年中公文庫に収録。

東京に十年暮らしてみて、東京人、という存在についての違和感は胸中で大きくなり小さくなり、形を変え、未だ消えない。東京人、というものにはあるひとつの性格があるように思える。おっとりとしているのだ。私はそのおっとり加減に時にいららし、時にはうらやましく思う。

東京に生まれ育って、そのままずうっと東京に暮らす人は多い。仕方なくそうしている、という顔つきの人は少ない。生まれ育った土地を、愛憎半ばして自分でもつくづく持て余すような、ねとねとぐちゃぐちゃした感情をもって眺めなくてもいいのだろうな、そうとらえてしまえば、やっぱり東京人たちがよそよそしいものとして目に映ってしまうのだった。

東京の東、月島に生まれ育った吉本隆明は、十代の終わりを山形の米沢で過ごした。時代は第二次世界大戦中であったが、疎開ではなく、内地留学のようではある。お父さんへの反発、下町の雰囲気から逃れたい、そういう理由からだという。東京なりの葛藤はあるんだなあと思い直す。いや、どこに暮らしていたって、葛藤する人は居るし、しない人だって居るというだけか、と、さらに思い直す。

彼は米沢でお酒をおぼえたというが、そこで食べたものをそれほど懐かしがってはいないとみえる。彼は月島と、そこで食べて育ったお母さんの味にいつまでもどこまでもとらわれているようだ。お母さんの味はしかし、東京の味ではない。隆明が生まれる少し前、その家族は、熊本の天草から夜逃げして月島へ移り住んだのだという。だからお母さんの料理も〈ごてっとした〉熊本の味付けだ。

〈母親の作ったものとか、あんまりべつにうまいもんでもいいもんでもないんだけど、それでも、ああ子どものときああいうの食ったとかよく覚えてますから、なにかやっぱり家っていうか家族っていうか家庭をまとめる第一番の要点は、料理で納得させられなきゃだめだって思っているところがあるんですね〉

『吉本隆明「食」を語る』は、タイトルどおりの語りおろしだ。この本の中では、そのお母さんのざっくりした料理が、振り返られる。語られる料理の材料や作りかたをたいして具体的には説明しないことのほうが多いこの本の中では、目立って、克明に語られる。

〈母親のいちばん単純な味を再現するとなると、ジャガイモとタマネギと油揚げみたいなのを切ったのを入れて、それをお醤油味のソースで黒っぽく薄く煮てというものです。独特な味付けで。多少モダンにしようという風に考えたんでしょうね。僕の味の見当だと、たぶんお醤油とお塩と少量の味醂と、生姜をおろして煮込んだ上澄みみたいなもので、水を入れたりして、ある程度濃さと、どろどろのぐあいを保っている。長い間、あの味に近づけてやろうと思って自分で作ってみましたけど、僕がいくらやってもだめで、同じようなのはできないですね〉

彼が〈うまいもんでもいいもんでもない〉と言いつつも、再現すべく台所に向かうのは、誰かに習いおぼえたままをなぞる味ではなく、お母さんが工夫して試みた味だ。月島の、今はもうない『三浦屋』という店の、しばしば買い食いしたというレバカツの味も、彼は懐かしがる。後、他の肉屋で揚げてもらうレバカツはそれと決して同じではない、と言う。ほんとうだろうか。

思い出を大きく豊かにふくらませ過ぎてしまっているのかもしれない、ということに流石に彼は気が付いている。お母さんのソース煮そっくりそのままの味を再現できないのも、ふくらんだ思い出に阻まれてのことかもしれない。隆明のソース煮への慕情を読めば、自分の思い出も振り返りたくなる。私がことさらにこっそり懐かしんでいるのは祖母のポテトコロッケとさつまいもの天ぷらなのだ。さりながら、ああ、この味だ、というものに、たまにではあるがたしかに、出合う。その辺の居酒屋、蕎麦屋などで。ごく当たり前のやりかたでこしらえていたからだろうか。ちなみに、いわゆる「味の素」では調味していなかったと記憶している。思い出の味、というものをある程度の幅をもって再びかみしめられる、安直な幸福感を得られるか、そうはできないか、その分かれ目はどこにあるのだろう。

そう考えてみると、森茉莉の文章が想起される。彼女は隆明と重なる時代を生きている。しかし、失われたことを嘆くまでは同じとしても、手に入らないものを探して歩く道中にも甘美な楽しみをおそらく見出している隆明と違って、かつて食べたおいしいものを舌の上によみがえらせることに、ごっこ遊びのように、茉莉は夢中になれる、楽しめる。

男と女の違い、だろうか。そんな結論はつまらないか。では、悲観論者か、楽観主義者か、という違いか。どうだろう。

隆明のエッセイ集『食べもの探訪記』も手に入れて、さてめくってみると、お母さんのソース煮のことも、三浦屋のことも、書かれている。他にも、同じエピソードが数多、登場する。それでつまらないかといえば、やはり書き言葉と話し言葉とは違うもので、書いたほうがずっしり言葉が重たい、そして、整然としている。だから、また別種のものとして読める。されど、どちらにも、軽みと、食卓に向かって気取らない姿勢はじゅうぶんにあらわれているのだった。

吉本隆明は一九二四年生まれ、エッセイが書かれたのは一九九四年から二〇〇〇年、とあるから、それは彼の七十代の食べものの記録、ということになる。『吉本隆明「食」を語る』で聞き取りがなされたのは、二〇〇五年だ。そのとき八十一歳である。彼の日々のごはんは娘さん、よしもとばななの姉にあたる人がこしらえていると、話にはある。

そのあたりからはずいぶんさかのぼって、彼が〈奥方〉と暮らし始めてからしばらくの青年の日々には、日常に、料理を作っていたという。完全に専念していたといえるのは三年間だったと、振り返っている。どんなものをこしらえていたのか、具が大きいというカレーを除いては、ほぼ具体的には語られない。料理にのめり込み過ぎないように、いくぶん及び腰で台所に立っていたそうで、それもあってか、それほど、彼の作る料理にはそそられない。

三年間、レパートリーはあまり増えなかったという。

だからか、やはり、ただ食べるほうでも、彼はそれほど幅広くなんでも受け入れる、という姿勢はとらない。例えばいなごの佃煮など、げてものと類されるものは食べない、生きものの形が保たれたままの食べものは苦手、辛いものや目新しい調味料が沢山使われているものは不得手だ。懐石料理には伝統の他なにもないとこきおろす。

彼が求めるのはあくまでも、幼時に刷り込まれた味なのである。当時、お父さんへの反抗心をもって食べないでいた魚は、その後も積極的には口にしない、ということからも、それが分かる。

〈結局僕は、食べ物で、ああ満たされたというのを考えると、どうしても、母親が作った味みたいなのに還元されてしまうわけです。すると、これは怪しいぞという、僕がうまいと言ってるんじゃなくて、母親のことを思い出すということがうまいんだという、結局それじゃないかという結論になっちゃうんですけどね〉と吉本隆明は言う。

〈カレーライスとトンカツ、それと煮物、その三つがたぶん僕からすると、日本の食の基礎になっているんじゃないかなという感じがするんです〉と『吉本隆明「食」を語る』で彼は言っている。自分の世代としては、と、ことわっての話だった。私は、いかにも「昭和」という風だなあ、と思ってからすぐ、いや、「都会」でもある、と思い直した。それは、東京だなあ、ということでもある。煮物は別とすれば、からっとしていて、和洋折衷で、家で作って、あるいは出かけて食堂に入っても食べる、というもの、そこに「昭和の都会」の匂いがする。

『食べもの探訪記』でも、そのカレーライスととんかつについては、とりわけ熱を入れて書かれている。

〈本音をいうと現在にいたるまで、ほんとに美味い豚カツを食べたことはない。恰好をつけた店では、ヒレ肉やロース肉の上等なのを揚げればいいとおもっている。しかしそれは違う。適度に脂味がついていて野趣があり、衣が投げやりなのが美味しいのだ〉

　隆明の食べもの論は、かたくななのに、軽みがあって、威張らない。不思議なバランスを保っている。誰かを想起させる。誰かといえば、それは内田百閒だ。とりわけこの、カツカレーを初めて食べた日のくだりなど、近しいように読めるのだ。

〈うまいと思うに違いないものを一緒に混ぜたら二倍にうまくなると考えたとしたら、そうはいかない。相殺されると思った方がいいのだ。わたしはぺろりと平らげはしたものの、何となく〈ざまあみろ〉という気がした。自分にたいしてか、発見した食堂のおじさんにたいしてかわからないが、全体が〈ざまあみろ〉という感じだった〉

よしもと・たかあき（一九二四―　）詩人、思想家、評論家。東京都出身。一九五四年『転位のための十篇』で荒地詩人賞受賞。言論活動を幅広く展開し、日本の戦後思想に大きな影響を与えた。『吉本隆明「食」を語る』（二〇〇五年　朝日新聞社刊）は、宇田川悟を聞き手として語り下ろした一冊で、二〇〇七年朝日文庫収録。『食べもの探訪記』は二〇〇一年、光芒社刊。

〈あとがきにかえて　食パンの話〉

ふたりの朝は、パンを食べる。たいてい、食パンを。

ひとりの朝は、うどんを食べる。

出先で買ってきた柔かく丸いパン、人にもらった固く細長いパンなどを食べる日もある。

食パンを食べない朝が続くと、「日常」をちゃんと全うしていないような心持ちになる。それは月が変わっても、カレンダーをめくりそびれたままにしている、けれどカレンダーのかけてある高さまではなかなか手が届かない、脚立も見つからない、そういう状況にじりじりする気持ちに似ている。

食パンを齧ったときの、ぱりっという音を聞きたい。

平たく四角いパンの上に、四角く切り取ったバターをのせて、齧りつきたい。

そう願ってみて初めて、食パンが私の朝にがっしりとくいこんでいる、朝の一角を成している、そのことに驚く。

二〇一一年三月。地震の日から一週間経って、神保町の、元ルームメイトが店長を務める喫茶店『ラドリオ』に向かった。店の個性をくっきりあらわす、煉瓦の外壁が一部崩れてしまっていたところを、ちょうどその日から修繕をはじめているという。だから店は開けていなかった。工事に立ち合っているはずの店長に会いに来たのだが、見当たらない。電話をかけてみる。急ぎで入り用なものがあってそれを買いにちょっと出かけたばかりで、ごめん、と、店長は電話口で言う。

では戻るのを待とうと、その近くの地下の喫茶店に入った。初めて入った。節電、ということ以前に、そもそも薄暗いような店の中、常連と思しき青年と女主人は、お喋りをしている。なにを話しているのか、はっきりとは聞きとれない。このところお客さんが増えたという話のみが、くっきりと耳に届いた。

「皆、パンを食べに来るのよね」

女主人がしみじみした調子で言うのが聞こえた。

メニューをめくってみると、この喫茶店で、パンといえば、食パンをかりっとトーストしたものしかない、と、分かる。

その頃、私の住処の近所にあるスーパーマーケットでもパン屋でも、食パンは真っ先に売り切れていたのを知っていた。この界隈でもきっと同じだったろう。

　中に餡やクリームなどが包みこまれているパンよりも日持ちするからか。冷凍しやすいし。好きずきに、塗ったりはさんだり、いかようにもして食べられるからか。というよりむしろ、食パンは、日頃、袋から出してそのままかぶりつきはしないパンだったはずだ。

　トースターで香ばしいくらいの焦げ目をつけて、バターをのせて溶かして、お皿に移して、そこでやっと、さあ食べましょうということになる。

　その工程ごと、食パンのおいしさだと受けとめていた。途中で手をとめて、どうしてあたためるんだろうか考え込んだり、いちいちめんどうくさがるなどするはずもなかった。

　トーストは、日常の象徴だったのだと思う。この喫茶店に「パンを食べに」来たお客たちは、日常を飜りに、日常の音をたしかめるために、地下におりてきたのだ。

＊

『もの食う本』は、食べものと、その裏側にくっついた気持ちを拾い出そうと書いた読書感想文集です。

東京の友達、武藤良子さんには、腕利きの狩人のように食べものとそのまわりのものの輪郭を過たず捕らえた絵を数多描いてもらい、盛岡の友達、木村敦子さんは、軽やかなデザイン術で絵と文章をまとめあげてくれて、とてもうれしい。

編集を担当してくれた長嶋美穂子さんは、エンテツこと遠藤哲夫さんに、鶯谷『信濃路』にて紹介いただいた以来の縁です。

三人の女たちの尽力あって作られた本です。

二〇一一年　山ぶどうジャムの秋　木村衣有子

本書はちくま文庫のための書き下ろしである。

心にのこる言葉　小野寺健

海外の小説や評論から取った短い言葉を含蓄ある解説とともに紹介するエッセイ集。名句と人生をめぐるベストセラーをオリジナル編集。

Land Land Land　岡尾美代子

旅するスタイリストは世界中でかわいいものを見つけます。旅の思い出とプライベートフォトをA(airplane)からZ(zoo)まで集めたキュートな本。

中央線で行く東京横断ホッピーマラソン　大竹聡

東京〜高尾、高尾〜仙川間各駅の店でホッピーを飲む！ 文庫化にあたり、仙川〜新宿間を飲み書き下ろし、各店データを収録。（なぎら健壱）

本と怠け者　荻原魚雷

日々の暮らしと古本を語り、古書に独特の輝きを与えた「ちくま」好評連載「魚雷の眼」を、一冊にまとめた文庫オリジナルエッセイ集。（岡崎武志）

教科書の詩をよみかえす　川崎洋

もっと自由に、もっと楽しく。堅苦しい先入観は取り払って接してみよう。そうすれば、選びぬかれた31篇の詩たちが言葉の翼を拡げて待っている。

わたしは驢馬に乗って下着をうりにゆきたい　鴨居羊子

新聞記者から下着デザイナーへ。斬新で夢のある下着を世に送り出し、下着ブームを巻き起こした女性起業家の悲喜こもごも。（近代ナリコ）

増補 遅読のすすめ　山村修

読書は速度か？ 分量か？ ゆっくりでなければ得られない「効能」が読書にはある。名書評家による読書術。未収録書評を増補。（佐久間文子）

ねにもつタイプ　岸本佐知子

何となく気になることにこだわる、ねにもつ。思索、奇想、妄想とはばたく脳内ワールドをリズミカルな名文でつづるショートショート。

FOR LADIES BY LADIES　近代《こだい》ナリコ編

女性による、女性についての魅力的なエッセイの数々から「女性と近代」を浮かび上がらせる、「おんなの子論」コレクション。

全身翻訳家　鴻巣友季子

何をやっても翻訳的思考から逃れられない。妙に言葉が気になり妙な連想に填る。翻訳というメガネで世界を見た貴重な記録（エッセイ）。（穂村弘）

神も仏もありませぬ　佐野洋子

還暦……もう人生おりたかった。でも春のきざしの蕗の薹に感動する自分がいる。意味なく生きても人は幸せなのだ。第3回小林秀雄賞受賞。（長嶋康郎）

寄り添って老後　沢村貞子

長年連れ添った夫婦が老いと向き合い毎日を心豊かに暮らすには――。浅草生まれの女優・沢村貞子さんの晩年のエッセイ集。（森まゆみ）

至福の本格焼酎 極楽の泡盛　山同敦子

本格焼酎ブームのさきがけとなった名著を、データを最新に改め、泡盛部門を追加。著者厳選の86蔵元、本格焼酎への愛情あふれる一冊。

愛と情熱の日本酒　山同敦子

うまい酒の裏にドラマあり。いまやその名が世界に轟く名蔵元の、造り手たちを丹念に取材したルポ。著者厳選、最新おすすめ百十四銘柄リスト付き！

語りかける花　志村ふくみ

染織の道を歩む中で、ものに触れ、ものの奥に入って見届けようという意志と、志を同じくする表現者たちへの思いを綴る。（藤田千恵子）

うつくしく、やさしく、おろかなり　杉浦日向子

生きることを楽しもうとしていた江戸人たち。彼らの紡ぎ出した文化にとことん惚れ込んだ著者がその思いの丈を綴った最後のラブレター。（松田哲夫）

遠い朝の本たち　須賀敦子

一人の少女が成長する過程で出会い、愛しんだ文学作品の数々を、記憶に深く残る人びとの想い出とともに描くエッセイ。（末盛千枝子）

美食倶楽部　谷崎潤一郎大正作品集　種村季弘編

表題作をはじめ耽美と猟奇、幻想と狂気……官能的な文体によるミステリアスなストーリーの数々。大正期谷崎文学の初の文庫化。種村季弘編で贈る。

ことばの食卓　武田百合子　野中ユリ画

なにげない日常の光景やキャラメル、枇杷など、食べものに関する昔の記憶と思い出を感性豊かな文章で綴ったエッセイ集。（種村季弘）

遊覧日記　武田百合子　武田花写真

行きたい所へ行きたい時に、つれづれに出かけてゆく。一人で。または二人で。あちらこちらを遊覧しながら綴ったエッセイ集。（巖谷國士）

性分でんねん　田辺聖子

あわれにもおかしい人生のさまざま、また書物の愉しみのあれこれ。硬軟自在の名手、お聖さんの切口がますます冴えるエッセー。（氷室冴子）

恋する伊勢物語　俵万智

恋愛のパターンは今も昔も変わらない。恋がいっぱいの歌物語の世界に案内する、ロマンチックでユーモラスな古典エッセイ。（武藤康史）

味覚日乗　辰巳芳子

春夏秋冬、季節ごとの恵み香り立つ料理歳時記。日々のあたりまえの食事を、自らの手で生み出す喜びと呼吸を、名文章で綴る。（藤田千恵子）

味覚旬月　辰巳芳子

料理研究家の母・辰巳浜子から受け継いだ教えと生命への深い洞察に基づいた「食」への提言を続ける著者がつづる、料理随筆。（藤田千恵子）

お茶のソムリエの日本茶教室　高宇政光

知らなかった日本茶がこんなにいっぱい?!　さまざまな緑茶の、味、おいしい淹れ方選び方、楽しみ方を伝授する。日本茶力テストつき！

セ・シ・ボン　平安寿子

生き迷っていたタイコが留学先のパリで出会った風変わりな人たちとおかしな出来事。笑えて呆れる若き日の「そりゃもう、素敵」な留学エッセイ。

旅好き、もの好き、暮らし好き　津田晴美

旅で得たものを生活に生かす。風景の中に「好き」を見つける。インテリアプランナーの視点から綴る、旅で見出す生活の精神。（沢野ひとし）

問答有用　徳川夢声対談集　徳川夢声　阿川佐和子編

話しを引き出す名人相手に、吉田茂、湯川秀樹、志賀直哉、山下清、花森安治、松本清張、藤田嗣治ら20名が語った本音とは？（阿川佐和子）

東京酒場漂流記　なぎら健壱

異色のフォーク・シンガーが達意の文章で綴るおかしくも哀しい酒場めぐり。薄暮の酒場に集う人々との無言の会話、酒、肴。（高田文夫）

アメーバのように。私の本棚　中野翠

動物的嗅覚で蒐集した本満載の中野文学館へようこそ。世の中どう変わろうと、これだけは残したい本を熱い思いをこめてご紹介、文庫オリジナル。

いろんな気持ちが本当の気持ち　長嶋有
何を見ても何をしてもいろいろ考えてしまう。生活も仕事も家族も友情も遊びも、すべて。初エッセイ集が新原稿を加えついに文庫化。（しまおまほ）

この話、続けてもいいですか。　西加奈子
ミッキーこと西加奈子の目を通すと世界はワクワク、ドキドキ輝く。いろんな人、出来事、体験がてんこ盛りの豪華エッセイ集！（中島たい子）

青空人生相談所　橋本治
いじめにあった中学生から、家族に見離されたオトーサンまでの赤裸な悩みに、明日への勇気と活力を与える親身で過激な世紀末人生相談。

玉子ふわふわ　早川茉莉編
国民的な食材の玉子、むきむきで抱きしめたい！森茉莉、武田百合子、吉田健一、山本精一、宇江佐真理ら37人が綴る玉子にまつわる悲喜こもごも。

本を読むわたし　華・恵
いつも隣りに本があった。ほの甘く、おだやかで、ちょっぴり切なく、途方にも暮れた少女の日々を、本を手がかりに瑞々しく描き出す。（松岡正剛）

買えない味　平松洋子
一晩寝かしたお芋の煮っころがし、土瓶で淹れた番茶、風にあてた干し豚の滋味……日常の中にこそある、おいしさを綴ったエッセイ集。（中島京子）

深沢七郎の滅亡対談　深沢七郎
自然と文学（井伏鱒二）、「思想のない小説」論議（大江健三郎）、ヤッパリ似た者同士（山下清）他、人間滅亡教祖の終末問答19篇。（小沢信男）

ロッパの悲食記　古川緑波
〈近頃は、専ら食うことに情熱を傾けている〉。戦中・戦後の、食物の乏しい時代に著者がみせた涙ぐましいまでの飽くなき執着心。（古川清）

英語で読む　銀河鉄道の夜（対訳版）　宮沢賢治　ロジャー・パルバース訳
“Night On The Milky Way Train”（銀河鉄道の夜）賢治文学の名篇が香り高い訳で生まれかわる。文庫オリジナル。井上ひさし氏推薦。（高橋康也）

茫然とする技術　宮沢章夫
かつてこれほどまでに読者をよくわからない時空に置き去りにするエッセイがあっただろうか。笑った果てに途方に暮れる71篇。（松尾スズキ）

いやげ物　みうらじゅん

水で濡らすと裸が現われる湯呑み。着ると恥ずかしい地名入Tシャツ。かわいいが変な人形。抱腹絶倒土産物、全カラー。（いとうせいこう）

旅の理不尽　宮田珠己

旅好きタマキングが、サラリーマン時代に休暇を使い果たして旅したアジア各地の脱力系体験記。鮮烈なデビュー作、待望の復刊！（蔵前仁一）

百合子さんは何色　村松友視

泰淳夫人の色、詩人の色、秘密の色……秀れた文業を残し逝った武田百合子の生涯を鎮魂の思いをこめて描く傑作評伝。（髙樹のぶ子）

世間のドクダミ　群ようこ

老後は友達と長屋生活をしようか。しかし世間はそう甘くはない、腹立つことやあきれることが押し寄せる。怒りと諦観の可笑しなエッセイ。

ベスト・オブ・ドッキリチャンネル　森茉莉　中野翠編

週刊新潮に連載（79〜85年）し好評を博したテレビ評。一種独特の好悪感を持つ著者ならではのユーモアと毒舌をじっくりご堪能あれ。（中野翠）

貧乏サヴァラン　森茉莉　早川暢子編

オムレット、ボルドオ風茸料理、野菜の牛酪煮……。食いしん坊茉莉は料理自慢。香り豊かな〝茉莉ことば〟で綴られる垂涎の食エッセイ。文庫オリジナル。

東京ひがし案内　森まゆみ・文　内澤旬子・イラスト

庭園、建築、旨い食べ物といっても東京の東地区は年季が入っている。日暮里、三河島、三ノ輪など38箇所を緻密なイラストと地図でご案内。

酒呑みの自己弁護　山口瞳

酒場で起こった出来事、出会った人々を通して、世態風俗の中に垣間見える人生の真実をスケッチする。イラスト＝山藤章二。（大村彦次郎）

新編　酒に呑まれた頭　吉田健一

旅と食べもの、そして酒をめぐる気品とユーモアの名文のかずかず。好評『英国に就て』につづく含蓄のあるエッセイ第二弾。（清水徹）

パンツの面目ふんどしの沽券　米原万里

キリストの下着はパンツか腰巻か？　幼い日にめばえた疑問を手がかりに、人類史上の謎に挑んだ、抱腹絶倒＆禁断のエッセイ。（井上章一）

ちくま文庫

もの食《く》う本《ほん》

二〇一一年十二月十日　第一刷発行

著　者　木村衣有子（きむら・ゆうこ）
絵　　　武藤良子（むとう・りょうこ）
発行者　熊沢敏之
発行所　株式会社　筑摩書房
東京都台東区蔵前二―五―三　〒一一一―八七五五
振替〇〇一六〇―八―四一二三
装幀者　安野光雅
印刷所　星野精版印刷株式会社
製本所　株式会社積信堂

乱丁・落丁本の場合は、左記宛にご送付下さい。
送料小社負担でお取り替えいたします。
ご注文・お問い合わせも左記へお願いします。
筑摩書房サービスセンター
埼玉県さいたま市北区櫛引町二―六〇四　〒三三一―八五〇七
電話番号　〇四八―六五一―〇〇五三

ISBN978-4-480-42898-1 C0193